W0033923

Franz Lennartz

Zeitgenosse und Sammler
Lexikograph und Feuilletonist

Begleitbuch zur Ausstellung
der Stadt- und Universitätsbibliothek
Frankfurt am Main
15. November bis 15. Dezember 1995

Reader zum Thema Lexikographie
der deutschen und fremdsprachigen
Literatur im 20. Jahrhundert

Das Ausstellungsmaterial entstammt dem Franz-Lennartz-Archiv
der Stadt- und Universitätsbibliothek Frankfurt am Main.
Einzelne Dokumente wurden vom Autor zur Verfügung gestellt, einzelne
Buchausgaben von der Deutschen Bibliothek. Die Ausstellung zeigt einige
Schriftstellerbriefe in Kopie, deren Originalvorlagen heute Eigentum des
Deutschen Literaturarchivs in Marbach (Neckar) sind. Zur Gestaltung von
Ausstellung und Begleitbuch wurde auch historisches Werbematerial
des Alfred Kröner Verlags Stuttgart verwandt.
Allen Beiträgern sei hiermit herzlich gedankt.

Der Dank der Bibliothek gilt ferner allen Personen und Institutionen, die die Übernahme des
Franz-Lennartz-Archivs nach Frankfurt finanziell ermöglicht haben. Insbesondere sind hier die
Deutsche Forschungsgemeinschaft, die *Hessische Kulturstiftung* und der *S. Fischer-Verlag* zu nen-
nen. Für seine Vermittlungstätigkeit dankt die Bibliothek Prof. Dr. Bruno Hillebrand (Univ. u.
Akad. d. Wiss. Mainz).

Vorliegendes Begleitbuch zur Ausstellung vom 15.11. – 15.12.1995 ist über den Buchhandel
nicht erhältlich, es kann bei der Bibliothek für eine Schutzgebühr von 25,– DM einschließlich
Portokosten bestellt werden. Interessenten wenden sich an die Stadt- und Universitätsbibliothek Frankfurt am Main, Bockenheimer Landstraße 134 – 138, 60325 Frankfurt am Main, Fax:
069-212-39-062; E-Mail: Direktion @ stub. uni-frankfurt. de.

Hrsg. von der Stadt- und Universitätsbibliothek Frankfurt am Main
Herbst 1995
Gesamtverantwortung: Wilhelm R. Schmidt
Ausstellung und Begleitbuch:
Sabine Homilius und Wilhelm R. Schmidt
Technische Arbeiten: Bogdan Mikulski in Zusammenarbeit
mit Michael Geisel, Manuela Keßler und Lennart Schmidt
Fotoarbeiten: Edmund Keller und Peter Werlisch
Druck: Imbescheidt KG, Frankfurt am Main
ISBN 3-88131-079-7

Gedruckt auf chlorfrei gebleichtem Samtoffset-Papier

Inhalt

Statt eines Geleitworts
Glückwunsch der Stadt Frankfurt am Main zum 85. Geburtstag des Autors am 20. 03. 1995
S. 4

Der Zeitgenosse
Franz Lennartz in Nachschlagewerken und Literaturkalendern – F.L. über sich selbst – Interview durch Wilhelm R. Schmidt – Eine Zeitungsmeldung zum 85. Geburtstag – Drei Gedichte – Entwurf eines Klappentextes für einen (nicht veröffentlichten) Roman
S. 7

Der Sammler
Vorbemerkungen – Schriftstellerkorrespondenz mit Autographen – Widmungsbücher – Besondere Ausgaben – Literaturwissenschaftliche Fachliteratur – dazwischen faksimilierte Beispiele – Varia bis zum Bierdeckel – Tapeten, Gurken und Bananen: vom Aufbau archivischer Ordnung
S. 19

Der Lexikograph
Vorbemerkungen – Gesamtalphabet der behandelten Autoren – Ein Beispiel aus der letzten Einzelausgabe der »Deutschen Schriftsteller« im Jahre 1978: Franz-Josef Degenhardt – Zwei Vorworte der Literaturführer aus den Jahren 1938 und 1971 – Aus den Urteilen der Presse – Autorenauswahl und Zeitgeist – Erste Nachkriegskritik – Spätere Kritiken und Würdigungen: Max Rychner, Gustav Korlén, Marcel Reich-Ranicki, World Literature Today – Zustimmung und Kritik (Faksimiles Buzzati, Maugham, Laxness) – Interview in der ZDF-Sendung »Aspekte« – Wie man Autoren gewinnt (O.M. Graf) – Ein Beispiel aus dem Literaturführer von 1941: Gertrud von Le Fort
S. 31

Der Feuilletonist
Warum Dichter Pseudonyme wählen – Der Simplicissimus will nicht sterben! – Sind die Dichter müde geworden? – Der Dichter der »Substanz«. Zum Tode Gottfried Benns
S. 69

Das Franz-Lennartz-Archiv in Frankfurt am Main
Die Erwerbung des Franz-Lennartz-Archivs – Zeitungsmeldung: Archive der UB ziehen ins Literaturhaus
S. 81

Bibliographie
Veröffentlichungen Franz Lennartz – Themen in Zeitungen und Zeitschriften – Frühe Arbeiten und Unveröffentlichtes – Pläne – Sekundärliteratur in Auswahl
S. 87

qualque motto

Immer ein Leser und literarischer Sammler versuchte ich als Chronist eine
Bestandsaufnahme von Gegenwartsautoren, die heute am meisten begegnen.
Meine Arbeiten sind keine Literaturgeschichte.
Franz Lennartz

Jeder Germanistikstudent oder Freund
der zeitgenössischen Literatur hat irgendwann einmal den »Lennartz« in der Hand
gehabt. Ja man kann sagen: der Literaturführer von Franz Lennartz ist so etwas wie
eine Institution.
Dieter Schwarzenau in der ZDF-Sendung
»Aspekte« (1985)

In seinen Büchern bewährt sich Lennartz
als gründlicher Kenner der Materie und
als Meister der knappen Charakteristik.
Marcel Reich-Ranicki in der FAZ (1980)

Und ein Archivar würde sagen: alles ist
da.
Uwe Johnson in einem unveröffentlichten Brief
(Johnson-Archiv Ffm)

ANDREAS VON SCHOELER
OBERBÜRGERMEISTER

RATHAUS - RÖMER
TELEFON (069) 212-33100-33101
TELEFAX (069) 212-37893
6000 FRANKFURT AM MAIN 1

Herrn
Franz Lennartz
Rosenweg 5

88682 Salem-Beuren   Frankfurt a.M., 20.03.95

Sehr geehrter Herr Lennartz,

zu Ihrem 85. Geburtstag übersendet Ihnen die Stadt Frankfurt am
Main herzliche Glückwünsche.

Sie werden in diesen Tagen als Lexikograph und als Verfasser
außerordentlich auflagenstarker Nachschlagewerke geehrt. Wir in
Frankfurt möchten Ihnen insbesondere dafür danken, daß Sie die
für Ihre Werke grundlegenden Materialsammlungen einschließlich
der vielen literarischen und literaturwissenschaftlichen
Quellenwerke an das Archivzentrum der Stadt- und Universitätsbibliothek abgegeben haben.

Der seinerzeit vereinbarte Preis drückt natürlich nur unvollkom-
men aus, um welche Werte es sich handelt. Nachdem zumindest die
personenbezogenen Archivteile im Einzelfall unter Aufsicht schon
benutzt werden, darf ich der Hoffnung Ausdruck geben, daß Ihre
Materialien als ausgesprochene Bereicherung der Schwerpunkt- und
Sondersammelgebietsbibliothek für Literaturwissenschaft und Germanistik in Zukunft noch besser erschlossen und öffentlich gemacht werden können.

Ihnen persönlich sowie Ihrer Gattin, die ja - wie man weiß - Ihre
Arbeiten immer tatkräftig begleitet hat, wünscht die Stadt
Frankfurt weiterhin die Freude an der Literatur und vor allem Ge-
sundheit.

Mit freundlichen Grüßen

Andreas von Schoeler

F. L. Pressefoto anläßlich des 60. Geburtstages im Jahre 1970

Der Zeitgenosse

Lennartz, Franz

Schriftsteller – Rosenweg 5, 88682 Salem – Geb. 20.
März 1910 Rheydt, verh. m.Gudrun, geb. Dux – Abit.;
Stud. (Germanistik) – Journalist, Film-Lektor
(Ufa,Berlin), Kriegsoffizier, sowj. Gefangenschaft
1945-50 – BV: D. Dichter unserer Zeit, 1938, zul. 1963;
Dichter u. Schriftst. uns. Zeit, 1963 u. 77; Ausl. Dichter
u. Schriftst. uns. Zeit, 5 Ausg.1955-76; Dt. Schriftst. d.
Gegenw., 1978; Dt. Schriftst. d. 20. Jh. im Spiegel d.Kri-
tik, 3 Bde. plus Register, Anhang 1984; Briefwechsel m.
Autoren d. 20. Jh., (s. 1987 im Dt. Lit.-Archiv. Marbach)
– Lit.: Doris Rune, F.L.: Lit-Führer im 3. Reich u. nach
1945 (Stockholm 1969, auch deutsch); ZDF u. 3SAT:
18. u. 19.1.1985: Interview Dr. Schwarzenau-Lennartz;
1993 öffentl. F.L.-Archiv in d. Stadt- u. Univ.bibliothek
Frankfurt/M.
Wer ist Wer 1994/95

Lennartz, Franz; Rosenweg 5, D-7777 Salem, Tel.
(07554) 8897 (Rheydt 20.3.10). Novelle, Essay, Film,
Funk. -V: Die Dichter unserer Zeit. 275 Einzeldarst: z.
dt. Dicht. d. Gegenw. 38, 52.u.d.T.: Dichter und Schriftsteller unserer Zeit. Einzeldarst. z. Schönen Lit. in dt.
Spr. 63, 77; Ausländische Dichter und Schriftsteller
unserer Zeit 60, 71; Deutsche Schriftsteller der Gegenwart, 11. Aufl. 78; Deutsche Schriftsteller des 20. Jahrhunderts im Spiegel der Kritik 84, IV; Briefwechsel mit
Autoren des 20. Jahrhunderts (öff. zugängl. im Dt. Lit.-
Archiv Marbach). – Lit: Doris Rune: F.L.s Lit.-Führer
im 3. Reich und nach 1945 (schwed.) 69 (auch dt.); Fs.-
Interview 85.
Kürschners Dt. Lit.-Kalender 1988

Zum 70. Geburtstag

FRANZ LENNARTZ wurde am 20. März 1910 als Sohn eines Kaufmanns in Rheydt im Rheinland geboren. Nach dem Abitur studierte er in Bonn, Köln, Berlin und Breslau u. a. Germanistik, Philosophie und Geschichte und trat früh in Zeitungen und Zeitschriften schriftstellerisch hervor. In Berlin war er in verschiedenen Berufen tätig, z. B. für den Rundfunk und den Film (Ufa). Er nahm am Zweiten Weltkrieg teil, kam als Offizier 1945 in der Festung Breslau in sowjetische Kriegsgefangenschaft, aus der er 1950 nach West-Berlin heimkehrte. Seitdem widmete er sich beruflich ausschließlich der Literatur. Er lebt mit seiner Frau, die an allen seinen Büchern mitgearbeitet hat, seit 1960 in Baden-Württemberg, heute in seinem Haus in Salem im Bodenseekreis.

DEUTSCHE SCHRIFTSTELLER DER GEGENWART
Einzeldarstellungen zur Schönen Literatur in deutscher Sprache, elfte erweiterte Auflage 1978, 250.—270. Tsd. — DM 34,—.

Aus Kritiken von 1979:
»Der Lennartz, längst zu einem Markenbegriff für ein bekanntes Nachschlagewerk über deutsche Literatur geworden« (Nordbayer. Kurier, 17. 8. 1979), »ist ein unentbehrliches Hilfsmittel für alle, die sich in der Literatur der Gegenwart zurechtfinden möchten« (Schweizer Monatshefte, Juli 1979).
»Alle angebotene Orientierung ist so konkret wie nur möglich gefaßt, sie hält sich an Nachprüfbares und entspricht damit sowohl dem Lexikonbegriff als auch einem anständigen Wissenschaftsbegriff. Bücher solcher Art erweisen sich als Wohltat und Erfrischung gegen das öde literarische Geschwätz. . .« (Prof. Dr. Dominik Jost, Sankt Galler Tagblatt 23. 1. 1979).
»Ein Handbuch comme il faut« (Theaterring Bochum 9/79), »knapp und dennoch umfassend, dürfte es wohl bis auf weiteres ein wichtiges Informationsmittel für Literatur bleiben« (Nürnberger Zeitung 26. 5. 1979).
»Die Tatsache der elften Auflage ist ein Zeichen dafür, daß man dieses Buch einfach braucht« (Österr. Rundfunk 12. 2. 1979).
»Immer wieder bewährt sich der Autor als glänzender Kenner der Materie« (Frankfurter Allgemeine Zeitung 10. 2. 1979).
Im Hinweis auf einen vergessenen Dichter schreibt die Süddeutsche Zeitung (Nr. 64/1979): »Sein Name steht nicht im Soergel, nicht im Lennartz und nicht im Großen Brockhaus«.

Aus dem Literaturkalender »Spektrum des Geistes«, 1980
Alle Rechte bei der Lesen-Verlag GmbH, 2351 Hardebek, Eulenhof

KRÖNERS TASCHENAUSGABE BAND 151/217

FRANZ LENNARTZ

Dichter und Schriftsteller unserer Zeit

Band I:
Einzeldarstellungen zur Schönen Literatur in deutscher Sprache. 680 Seiten. Ganzleinen DM 12.—

Band II:
Einzeldarstellungen zur Schönen Literatur in fremden Sprachen. 757 Seiten. Ganzleinen DM 15.—

Wer immer sich um das Verständnis von Dichtung bemüht, ihr kritisch begegnen will, um für die Fülle des Gebotenen wertende Beurteilung zu finden, wird die Frage nach der Persönlichkeit des Dichters stellen, nach dem Menschen, der aus den Werken spricht.

Der vorliegende Literaturführer ist deshalb ein kaum zu entbehrendes Hilfsmittel zur Orientierung über Leben, Werdegang und Schaffen der Dichter und Schriftsteller unserer Zeit.

Durch jede Buchhandlung zu beziehen

ALFRED KRÖNER VERLAG
STUTTGART

Aus der Werbung des Verlags

Franz Lennartz über sich selbst

Immer ein Leser und literarischer Sammler, hatte er früh, bevor er zu schreiben anfing, den Wunsch, sich auch über die gegenwärtige Literatur, ihre geistigen Strömungen und Exponenten zu informieren. So fing er an, systematisch Bücher und literarisches Material aus der Weltpresse zu sammeln und mit Autoren zu korrespondieren. Er studierte jeweils ihre Poetik und war vor allem an der Ergründung des Wesens eines Dichters oder Schriftstellers, des schöpferischen Menschen überhaupt, interessiert.

Bei diesen zunächst rein privaten Erkundungen erwies sich bald, daß sie auch für die literarische Öffentlichkeit, also ein lesefreudiges Publikum und Literaturpraktiker aller Art, interessant sein könnten. So kam es zur Niederschrift einer vollkommen unpolitisch geplanten Dokumentation (I. Aufl. 1938). Wer aber damals über Autoren schrieb, die, laut Vorwort, dem Leser »heute am meisten begegnen«, mußte auch über führende NS-Autoren berichten. Und nach dem zweiten Weltkrieg (und für den Verfasser 5 Jahren Gefangenschaft in der Sowjetunion) wurde ein Autor schon wegen seiner NS-Thematik angegriffen, mochte er sie noch so objektiv, als nach bestem Wissen unbestechlicher Chronist, behandelt haben.

So unterschiedlich auch die geistigen Tendenzen dieser Zeitabschnitte waren, in denen die elf Auflagen verfaßt wurden, so unberührt blieben die Grundprinzipien: jeweils eine Bestandsaufnahme »heute« gültiger Dichtung ohne literaturgeschichtliche Erörterungen, eine Auswahl lebender oder jüngst verstorbener Autoren, die dem Leser »heute am meisten begegnen«, die alphabetische Anordnung, der sachliche Bericht über Leben, Poetik und Gesamtwerk mit Charakteristiken, Inhaltsangaben, Kritiken aus einander entgegengesetzten Positionen, Angaben über Ehrungen, Auflagen, Sekundärliteratur etc.

Die Diskrepanz von Auflagen in der NS-Zeit mit unerläßlichen Zugeständnissen an die Diktatur zu den Auflagen nach dem zweiten Weltkrieg entspricht dem jeweiligen literarischen Bild verschiedener Zeitepochen. »Literatur à la mode« meinten Kritiker und übersahen, daß der Chronist das Widersprüchliche nicht geschaffen, sondern nur beschrieben hatte. Daß z. B. in den Nachkriegsauflagen auf einmal wieder Grimm und Kolbenheyer auftauchten, auch Dwinger, entsprach keiner persönlichen Einschätzung oder Laune des Verfassers, sondern lediglich der Tatsache, daß diese Autoren im öffentlichen literarischen Leben wieder derart oft genannt, beurteilt, gepriesen, verurteilt wurden, daß ein objektiver, nicht tendenziöser Beobachter ihre Namen nicht weglassen konnte. Daß er viele Namen aus vierzig Jahren deutscher Literatur überhaupt nicht nennen konnte, allein aus technischen Gründen, ist dem Verfasser besonders schmerzlich. Bitter war es auch, um der Aktualität willen bei neuen Auflagen immer wieder Autoren ausscheiden zu müssen. Um so erfreulicher ist es, daß in dieser Ausgabe alle Autoren, die damals in einer Ausgabe beschrieben waren, mit ihrem letzten Text aufgenommen wurden.

Der Dank des Verfassers gilt dem Verlag, . . . ferner gilt der Dank vielen Freunden, Autoren und Institutionen, die Material beigesteuert haben, nicht zuletzt aber meiner Mitarbeiterin an all meinen Büchern, meiner Frau.

Aus dem Vorwort zu: F.L., Deutsche Schriftsteller des 20. Jahrhunderts im Spiegel der Kritik. 3Bde., Stuttgart: Kröner 1984

Foto W. R. Schmidt

Gudrun und Franz Lennartz im Jahre 1994.
1995 feierten sie ihre Diamantene Hochzeit. Im Hintergrund des Bildes sind die Verteilerkästen zu
sehen, in denen die ausgeschnittenen Zeitungs- und Zeitschriftenartikel nach Autornamen oder Themen
vorsortiert werden. Aus dem so gesammelten Material entstanden die literarischen und lexikalischen
Arbeiten des Autors.

Interview mit Franz Lennartz

Gesprächspartner: Wilhelm R. Schmidt

1.
Herr Lennartz, über Ihr so auflagenstarkes lexikalisches Werk ist Ihr Name zum Begriff geworden. Als der Börsenverein des Deutschen Buchhandels zur Weltausstellung 1958 eine »Bibliothek eines geistig interessierten Deutschen« zusammenstellen ließ, wurden Ihre Werke zur deutschen und ausländischen Literatur im Zusammenhang der Produktionen von Hanns W. Eppelsheimer, Hermann Pongs, Georg Büchmann, Fritz Martini und Kürschners deutschem Literatur-Kalender genannt. Andererseits steht Ihr Name heute nicht einmal im Brockhaus. Wie lebt es sich mit dieser Spannbreite des Anerkanntseins? Sind Lexikographen einsame Arbeiter im Hintergrund?

L.: Ich habe mich niemals als Arbeiter im Hintergrund gefühlt! Mein Name steht in vielen Bibliographien, Dokumentationen und literaturwissenschaftlichen Werken, in Vorworten und Literaturkalendern. Anerkennung ist mir auch durch die Dichter und Schriftsteller zuteil geworden, über die ich geschrieben habe, die Presse hat über alle meine Auflagen geschrieben, vor und nach dem Kriege, bis hin zur derzeitigen Gesamtdokumentation meiner Arbeiten über die »deutschen Dichter und Schriftsteller«, die noch im Buchhandel erhältlich ist. Ich glaube fast, es sind an die 1 000 Besprechungen gewesen, die im In- und Ausland berichtet haben.

2.
Die autobiographischen Passagen im Vorspann Ihrer Bücher verweisen auf Ihr Studium u.a. der Germanistik, Philosophie und Geschichte in Bonn, Köln, Berlin und Breslau. Naturgemäß hat bei Ihrer Generation der Krieg und in Ihrem Fall auch die lange Kriegsgefangenschaft einen großen Einfluß auf die individuelle Entwicklung bedeutet. Welche Rolle spielten diese Ereignisse für Ihre berufliche Laufbahn?

L.: Vor Kriegsbeginn war ich in Berlin Filmlektor bei der UFA. Zugleich arbeitete ich an einer Doktorarbeit zum Thema »Soziologie der modernen Großstadt«. Dieses Vorhaben wurde durch den Kriegsbeginn unterbrochen. Nach 5 Jahren Kriegsteilnahme und ebensolanger Kriegsgefangenschaft in der Sowjetunion versuchte ich nach 1950 erneut zu dissertieren; jedoch forderte mich der Kröner-Verlag auf, weiter für Kröners Taschenausgabe zu arbeiten. Das zog ich vor.

3.
Herr Lennartz, im »Vorwort des Verfassers« der 1984 erschienenen kumulierten Ausgabe Ihrer Bücher zu deutschen Schriftstellern und Dichtern schreiben Sie von »unerläßlichen Zugeständnissen an die Diktatur« in der NS-Zeit. Die Frage, die uns Jüngere heute interessiert, gerade auch im fünfzigsten Jahr des Endes der NS-Zeit, die wir aus diesem Grunde in unzähligen Film- und Pressebeiträgen auch unter dem Aspekt der Gleichgeschaltetheit des gesamten Kulturlebens wiedererleben, ist die: Wie war 1938, im Jahr der Erstveröffentlichung Ihres Werkes, ein Buch zur deutschen Literatur, das nachgewiesenermaßen nicht nur genehme oder linientreue Dichter behandelte, überhaupt möglich?

L.: Das Buch hieß schon damals: Die Dichter unserer Zeit. Eine rein nationalsozialistische Dichterauswahl wäre im Jahre 1938 ebenso unmöglich gewesen wie das Gegenteil. Das Buch ist laut Vorwort ein Buch über Dichter, deren Namen und Werke dem Leser »heute zumeist begegnen«. Natürlich war es »unerläßlich«, Autoren aufzunehmen, die seit 1933 bekannt geworden waren. Aber so unerwünscht z. B. die sog. christliche Literatur war, so war sie doch nicht verboten.

4.
Ihre Darstellungen deutscher und ausländischer Dichter sind weit davon entfernt, bloße Lexikonartikel zu sein. Daß lexikalische Beiträge informativ sind, erwartet der Lexikonleser sowieso. Daß sie darüber hinaus essayistische Kabinettstückchen sind, das ist sozusagen die Zugabe, die Ihre Produktionen unverwechselbar macht. Ihre Artikel sind auf diese Weise zeitbedingt und zeitlos zugleich. Gibt es dafür ein Geheimrezept?

L.: Ich habe nie ein Rezept gehabt, aber meine leidenschaftliche Vorliebe für Literatur und deren Schöpfer schloß es von vornherein aus, die ermittelten Fakten nur aufzuzählen. So ist es zu dem gekommen, was ich »Ganzdarstellung« nannte.

5.
Herr Lennartz, Sie haben Dichter und literarische Themen nicht nur in lexikalischer Form veröffentlicht, Sie waren lange Zeit auch ein gefragter Feuilletonist der deutschen Presse. Über welche Persönlichkeiten bzw. welche Themen haben Sie besonders gern und oft geschrieben?

L.: Ich habe über deutsche und ausländische Autoren geschrieben, und hier durchaus nicht nur über die der »Gegenwart«. Im Gegenteil: auch Defoe, Eckermann, Goethe und seine Mutter sind dabei, ebenso Gotthelf. Manche Themen waren ausgesprochen gefragt, ich konnte sie in veränderter Form in den verschiedensten Zeitungen und ggf. auch mehrmals in zeitlichem Abstand veröffentlichen. Auch wirtschaftlich waren diese Veröffentlichungen oft sehr erfolgreich. Ich habe auch darüber geschrieben, warum so viele Dichter und besonders auch Dichterinnen Pseudonyme wählen oder über das Phänomen, daß nach 1945 neben der »engagierten« Literatur etwa der »Gruppe 47« auch sehr restaurative Tendenzen sich geltend machten.

6.
Die Darstellungsweise Ihrer Arbeiten legt die Frage nahe, ob Sie vielleicht neben Ihren beruflichen Arbeiten und von uns bisher unbemerkt selber ein deutscher Dichter sind. Sie lehnen es ja immer ab, Literaturwissenschaftler oder Literaturhistoriker genannt zu werden, von daher können Sie nicht in die Schwierigkeiten eines poeta doctus oder Kritikers kommen, die eigenen literarischen Produktionen an Maßstäben zu messen, an denen Sie selber die Arbeiten anderer sonst messen. Da Sie aber doch ursprünglich über Dichtung im engeren Sinne schrieben, sei die Frage erlaubt: Haben Sie selbst Lyrik, Theaterstücke oder z. B. Romane verfaßt?

L.: Mit 16 Jahren veröffentlichte ich in der »Rheydter Zeitung« zwei Erzählungen. Gedichte habe ich nicht veröffentlicht, aber immer, nebenher, verfaßt, »Gelegenheitsgedichte«. Ich habe auch zwei Romane abgeschlossen, noch unter dem Eindruck des 2. Weltkrieges und der Kriegsgefangenschaft. Dazu schrieb mir ein Berliner Verlag im Jahre 1956: »Sie sind ein ausgezeichneter Erzähler, aber es ist keine Zeit für Kriegsromane«.

Natürlich habe ich auch jetzt noch Pläne und arbeite zur Zeit an einem Roman über Goethe.

7.

Herr Lennartz, Sie haben Ihre Lexikontexte nur schreiben können, weil Sie das Material dazu in akribischer Arbeit über Jahre und jetzt Jahrzehnte nach Ihren eigenen Prinzipien selber gesammelt haben. Sie haben bis zu sechzehn Stunden täglich Zeitungsausschnitte und anderes Material, das in den Bibliotheken oder Archiven sonst gar nicht gesammelt wird, bearbeitet, geordnet, ausgewertet. Bei dieser Arbeit und Lust des Sammelns spielt auch Ihre Frau bzw. schon deren Elternhaus eine bedeutende Rolle.

L.: Schon mein Schwiegervater war in Berlin ein leidenschaftlicher Sammler. Zahllose Bücher oder sonstige Dokumente, Bilder gehen bereits auf ihn zurück. Das hat sich sozusagen auf meine Frau vererbt. Sie hat an meiner eigenen Arbeit immer großen Anteil gehabt, indem sie selber Schriftsteller vorgeschlagen und Texte redigiert hat. Deswegen gilt ihr mein besonderer Dank, und nicht nur wie üblich in den Vorworten.

Beim Interview: Frager und Befragter in dessen Haus in Salem am Bodensee. 1995

Sammler und Feuilletonist

Franz Lennartz wird 85

tsch *Berlin* – Sein Name ist ein Begriff. Läßt sich Besseres über einen Forscher sagen? Wer sich in den vergangenen Jahrzehnten mit der Literatur beschäftigt hat, der kam nicht am »Lennartz« vorbei, dem Autorenlexikon »Deutscher Schriftsteller der Gegenwart«.

Schon als Pennäler soll Franz Lennartz viele Zeitungsartikel über Autoren herausgeschnibbelt haben. Der Sohn eines Kaufmanns aus Rheydt, der heute in Salem am Bodensee 85 Jahre alt wird, studierte in Köln, Berlin und Breslau Germanistik, Philosophie und Geschichte. Früh suchte er die feuilletonistische Schriftstellerei, arbeitete für Rundfunk und Film. Er gehörte zur Generation jener, denen die NS-Zeit und Krieg viele Jahre raubten. Erst 1950 kehrte er aus russischer Gefangenschaft zurück.

In Berlin erarbeitete er bald den literarischen Führer »Deutsche Dichter und Schriftsteller unserer Zeit«. Das war ein gewagtes Unterfangen, weil die Berührungsängste zwischen Germanistik und aktueller Literatur damals noch viel stärker als heute ausgeprägt waren.

Die praktische, zuverlässige und handliche Übersicht in Einzeldarstellungen erschien Auflage für Auflage, erneuert und erweitert unter dem Titel »Deutsche Schriftsteller der Gegenwart«, zuletzt in der 11. Auflage von 1978. Lennartz hat sein sehr lange konkurrenzloses Lexikon stets gründlich überarbeitet – mit dem einzigen Manko, daß er zwar neue Autoren aufnahm, dafür jedoch einige vermeintlich alte (darunter etwa Ingeborg Bachmann) dem gleichbleibenden Umfang des Buches opfern mußte – wohl ein Verlags-Fehler.

Neben diesem Werk schrieb Lennartz einen Band über »Ausländische Dichter und Schriftsteller unserer Zeit«. Lieferbar ist von Lennartz' Büchern nur noch eine dreibändige Kassette über »Deutsche Dichter und Schriftsteller des 20. Jahrhunderts im Spiegel der Kritik«. Aber sein Name wird ein Begriff bleiben, weil Lennartz sein Archiv mit Briefen von Zuckmayer und vielen anderen der Stadt Frankfurt/M. vermachte, deren Universitätsbibliothek den Sammler 1995 mit einer Ausstellung ehren wird.

Die Welt 20. 3. 1995

Vergiß im Herbst
Was Dir der Frühling
versprach
halte Dich nur
an das,
was gewiß ist.

F. L.

Ein Gedicht sollte mir gelingen,
das den Erdball umspannt,
von außen und von innen,
sagen wir: von New York
bis New York
einmal rundherum
Goethe war in Italien,
Ich war überall.

F. L.

Ich wollte vom Schluß sagen,
gerade darum bestürzt mich der
Beginn.
Da war die Weltstadt,
Berlin,
Traum und Sehnsucht
ohne Heimat
und ich
war ein Berliner.

F. L.

Franz Lennartz: Mädchen in der Kaserne. Ein Etappenroman

(geschrieben kurz nach dem 2. Weltkrieg, unveröffentlicht)

Anregung zu einem Buchklappen-Text

Dieses Buch ist ein Zeitroman des deutschen Etappenlebens, vorwiegend von Wehrmachtshelferinnen und ihren Offizieren und Soldaten im ausgehenden zweiten Weltkrieg, darüber hinaus der deutschen Tragödie in ihrer dramatischsten Phase. Hier wird der Nationalsozialismus, lebenzerstörerisch Nationalistisches überhaupt, tödlich getroffen, weil es sich im rein Menschlichen dieses komödienhaften Tragödienreigens, der sich zur gestalteten Einheit fügt, selber richtet.

Es ist vor allem der Roman einer jungen Bürgerstochter, die, wie ungezählte Mädchen ihrer unglücklichen »Generation ohne Beispiel«, als Wehrmachtshelferin in die Kaserne eingezogen, dort verführt, gedemütigt, irregeführt und schließlich zur Revolte gegen die ausschließlich männlich bestimmte Welt gezwungen wird. Sie wird ebenso um ihre Jugend betrogen wie ihr »rittergekreuzigter« Bräutigam, der als tragisches Produkt unabdingbarer nationalistischer Heldenerziehung und wegen der Vergangenheit seiner Braut in Konflikt mit den Mächtigen der Etappe gerät und geopfert wird.

Es ist aber auch der Roman eines Schriftstellers, eines anfangs guten Menschen, der als Regimentsadjutant zum Macht- und Genußmenschen, Ehebrecher, vielleicht sogar Mörder absinkt, jedoch militärisch zu Ehren kommt. Er ist ein Beispiel des Verfalls des Geistigen im Kriege, der allerdings dem Niedergang seinen »Roman im Roman« abringt, wozu ihm die weiblichen Hauptfiguren als lebendige literarische Experimentierobjekte dienen, eben jene genannte Bürgerstochter oder zum Beispiel eine jugendliche Fabrikarbeiterin, die den Krieg in der Rolle der zerstörerischen Kurtisane verkörpert und ihren gesellschaftlichen Aufstieg zur Wehrmachtshelferin mit ihrem Leben bezahlen muß.

Alle diese »Kinder des Untergangs«, die Läufer und Mitläufer vom überheblichen Gauleiter, eitlen General und lebemännischen Truppenkommandeur bis zum beförderungssüchtigen Spieß und der frontscheuen Ordonnanz, von der haltlosen Führerin, ehrgeizigen Haupthelferin und adelsgierigen Oberhelferin bis zur ungetreuen Soldatenbraut und betrogenen Dorfschönen geraten in den verführerischen Bannkreis des erotischen Karussells, des fortwährenden »illegalen Balles« der Geschlechter, mit dem ein teuflisches System, das zynisch Frauen und Mädchen und schließlich Kinder als Ersatz für propagierte »neue Waffen« in seinen militärischen Dienst zwingt, seinen sicheren Untergang menschenmörderisch hinauszögert.

Dieser Roman ist aber mehr als nur dokumentarische Aussage über ein abstürzendes Zeitalter in dramatischen Begegnungen und leidenschaftlichen Kämpfen und Verwicklungen typischer Menschen beiderlei Geschlechts. Er stößt in das Überzeitliche vor, wozu ihm die Kriegszeit nur Anlaß ist, weil sich in ihr als der tragischen Höchstform des natürlichen Lebens die bewegenden Triebkräfte am deutlichsten offenbaren: der immerwährende Krieg der Geschlechter, das verzweifelte Suchen nach dem Sinn! Darum ist dieses Buch, das »irgendwo in Deutschland« spielt, kein Schlüsselroman. In ihm ist eine überpersönliche Welt gestaltet, so, wie sie »ist«, nicht aber, wie mancher sie sich wünscht. Also ist dieses Buch auch keine Anklage, sein Zweck ist die Wahrheit. Aber gerade darum dürften sich aus ihm Schlüsse für jedermann ziehen lassen.

Der Sammler

Hans Leip
17b) Wangen/Bodensee
25.1o.1953

An den Alfred Kröner Verlag
Stuttgart

Sehr geehrter Herr Verlagsleiter,
Gern erfülle ich Ihren Wunsch, den Aufsatz von Herrn Lennartz
durchzusehen und zu vervollständigen. Nochmals möchte ich
Herrn Lennartz und Ihnen danken, meiner Person einen Platz
in Ihrem schönen Dichterbuch eingeräumt zu haben!

Mit verbindlichen Grüßen
Ihr sehr ergebener

Anlage

Sehr geehrter Herr Doktor !

    Nehmen Sie bitte freundlichst die mir gesandten Fahnen
zurück. Ich habe mir erlaubt, das Datum 1892 in 1882 zu ändern,
was leider den Tatsachen entspricht. In der vierten Zeile
steht "Oberregiseur" Wäre es nicht vielleicht richtiger, Regi-
seur und Theaterleiter zu drucken, was ebenfalls den Tatsachen
entspricht ? "Oberregiseur" ist doch eine Dienstbezeichnung,
wärehdn das andere künstlerische Tätigkeiten ausdrückt, die
ich in Köln, Frankfurt am Main, Hannover und Hamburg ausgeübt
habe.
    Auf Seite 506 wird noch in Klammern von einem angekündig-
ten Roman "Aufstand der Männer" geschrieben. Inzwischen ist
der Roman aber erschienen , und hat auch erfreulicherweise
in den ersten sechs Wochen bereits eine Auflage von über
20 000 erzielt. Das zu Ihrer privaten Information, aber ich
denke, man könnte daraufhin die Klammer fortlassen.

    Mit bestem Dank und

                vorzüglicher Hochachtung !

                        Johannes Tralow
                    Johannes Tralow

Schriftstellerkorrespondenz

Vorbemerkung

Im Schriftverkehr mit den von ihm behandelten Dichtern und Schriftstellern erhielten Franz Lennartz und sein Kröner-Verlag zahlreiche Post aus dem In- und Ausland. Der weit überwiegende Teil der Korrespondenz mit deutschsprachigen Dichtern ist heute im Besitz des Deutschen Literaturarchivs in Marbach, anderes beim Kröner-Verlag, einzelne Stücke auch bei Franz Lennartz selbst oder im Franz-Lennartz-Archiv in Frankfurt am Main. Das letztgenannte Archiv der Stadt- und Universitätsbibliothek hat zumindest die von Lennartz selbst angefertigten Kopien derartiger Korrespondenz übernehmen können.

Die Ausstellung gibt Beispiele sowohl von deutschsprachigen wie auch fremdsprachigen Dichtern wieder. Es wird bestätigt, kritisiert und korrigiert, zuweilen schreibt auch nur der Sekretär, mal war der Adelstitel nicht genannt, mal will man von Jugendsünden nichts mehr wissen. Die literarische Bedeutung und die Beanspruchung derselben sind ununterscheidbar, aufrichtiger Dank und Anerkennung teilweise zu spüren, vielleicht kann durch die Übersendung eines Widmungsexemplars die Zeilenzahl in der nächsten Auflage noch gesteigert werden.

Für die Ausstellung wurden die Briefe folgender Autoren ausgewählt:

Bengt Berg, Emil Barth, Dino Buzzati, Martin Beheim-Schwarzbach, Truman Capote, Alexander von Bernus A.J. Cronin, Werner Bock, Georges Duhamel, Bertolt Brecht (Sekr.), John DosPassos, Bernard v. Brentano, T.S.Eliot, Edwin Erich Dwinger, E.M. Forster, Ingeborg Drewitz, Eyvind Johnson, Kasimir Edschmid, Halldor Laxness, Lion Feuchtwanger, Francois Mauriac, Hans Franck, W.S. Maugham, Curt Goetz, Gabriel Marcel, Oskar Maria Graf, Zenta Maurina, Albrecht Goes, Vilhelm Moberg, Walter Jens, Jules Romains, Erich Kästner, Nevil Shute Norway, Hermann Kasack, Ignazio Silone, Hermann Kesten, Upton Sinclair, Wolfgang Koeppen, Edith Sitwell, Rudolf Krämer-Badoni, Kurt Kusenberg, Hans Leip, Edgar Maass H.J. Rehfisch, Hans Werner Richter, Edzard Schaper, Ina Seidel.

ERICH KÄSTNER

MÜNCHEN 27, 13.10.53
FLEMINGSTRASSE 52

An den
Alfred Kröner-Verlag
Reuchlinstr. 4B
Stuttgart-W.

Sehr geehrte Herren,

beiliegend gebe ich Ihnen den mir zur Korrektur vorgelegten Text über mich und meine Arbeiten zurück.

Ich habe mich darauf beschränkt, zu Beginn des Textes eine Zeile zu streichen, so daß Ihnen kaum nennenswerter Neusatz aus der Korrektur erwächst.

Mit besten Empfehlungen!

Erich Kästner

Monsieur,

      Autant que j'ai pu le
comprendre, la notice que vous me sou-
mettez paraît tout à fait correcte.

      Croyez je vous prie, Mon-
sieur, à mes sentiments les plus distin-
gués.

François Mauriac

Sir Geoffrey Faber, Chairman. Richard de la Mare, Vice-Chairman
Morley Kennerley (u.s.a). T.S. Eliot, W. I.Crawley, P.F. du Sautoy,
Alan Pringle, David Bland, Charles Monteith

FABER AND FABER LIMITED

PUBLISHERS

24 Russell Square London W.C.1

Fabbaf Westcent London   Museum 9543

25th March 1957.

Dear Sir,

    I return herewith the proof of your critical and
biographical account of myself in which I have made one
correction and one query. Of course it is not for me to
comment on a critical observation, but there is nothing in
the article to which I object.

      Yours faithfully,

T. S. Eliot

Widmungsbücher
mit Schriftstellerautographen

Franz Lennartz unterhielt eine weite Korrespondenz, um sich über Verlage und Autoren Unterlagen für seine Arbeit zu verschaffen. Die Korrespondenz bezeugt, daß die Überlassung von Büchern z.T. mit der Auflage verbunden war, diese Bücher »nach Gebrauch« wieder zurückzuschicken; insbesondere in der Kriegs- und Nachkriegszeit waren Bücher im wahrsten Sinne des Wortes rar. Andererseits erhielt der Lexikograph auch freiwillig bzw. unaufgefordert Belegexemplare, in die Dichter und Schriftsteller Grüße und Bemerkungen, versehen mit ihrer Unterschrift, schrieben.

Die Ausstellung zeigt aus dieser Widmungsbücher- und Autographensammlung circa 60 Beispiele, darunter größere Konvolute von Dino Larese und Marcel Reich-Ranicki sowie dem aus Hessen stammenden Dichter Werner Bock, ansonsten von Paul Alverdes bis Carl Zuckmayer reichend. Der zahlenmäßige Gesamtumfang der Widmungsbücher dürfte etwa drei Mal so hoch sein, so manches Buch mit Dichterautograph wurde auch ererbt oder dazu erworben. Im einzelnen sind Widmungsexemplare folgender Persönlichkeiten ausgestellt:

Paul Alverdes, Stefan Andres, H.C.Artmann, Hans Bender, Werner Bock, Bertolt Brecht, Wassil Bykau, Werner Dürrson, Gisela Elsner, Hans Franck, Erich Fried, Franz Fühmann, Oskar Maria Graf, Carl Guesmer, Hans-Joachim Häcker, Peter Härtling, Stefan Heym, Rolf Hochhuth, Bohumil Hrabal, Rolf Italiaander, Ernst Jandl, Ernst Jünger, Wolfgang Koeppen, Rudolf Krämer-Badoni, Dino Larese, Gertrud von Le Fort, Hans Leip, Stanislaw Lem, Heinz Piontek, Egon H. Rakette, Marcel Reich-Ranicki, Otto Rombach, Eugen Roth, Paul Schallück, Edzard Schaper, Wilhelm von Scholz, Adolf Seebaß, Anna Seghers, Emmanuel Stickelberger, Felix Timmermans, Karl Heinrich Waggerl, Carl Zuckmayer.

BRECHT
VERSUCHE 22/23/24

Den Heimatlosen

Drei Gedichte von
Gertrud von le Fort

Peter Härtling

Hölderlin

Ein Roman

Aufbau-Verlag

DIE LITERATUR

Sammlung illustrierter Einzeldarstellungen

Herausgegeben von

GEORG BRANDES

Bisher erschienen:

Band I UNTERHALTUNGEN ÜBER LITE-
RARISCHE GEGENSTÄNDE von
Hugo von Hofmannsthal

Band II ARISTOTELES von Fritz Mauthner

Band III DIE GALANTE ZEIT UND IHR ENDE
(Piron, Abbé Galiani, Rétif de la Bretonne,
Grimod de la Reynière, Choderlos de Laclos)
von Franz Blei

Band IV MAXIM GORKI von Hans Ostwald

Band V DIE JAPANISCHE DICHTUNG von
Otto Hauser

Band VI NOVALIS von Franz Blei

Band VII SELMA LAGERLÖF von Oscar Levertin

Band VIII DIE KUNST DER ERZÄHLUNG von
Jakob Wassermann

Weitere Bände in Vorbereitung

*Jeder Band in künstlerischer Ausstattung mit Kunstbeilagen,
Faksimiles und Porträts, kartoniert .. .. Mk. 1.25
ganz in echt Pergament gebunden .. .. Mk. 2.50*

BARD, MARQUARDT & CO., BERLIN W. 57

DIE LITERATUR

Sammlung illustrierter Einzeldarstellungen

Herausgegeben von

GEORG BRANDES

Unsere Mitarbeiter:

Peter Altenberg · Oskar Bie · Franz Blei · Helene Böhlau
Max Burckhard · Vincenz Chiavacci · M. G. Conrad
Max Dreyer · Marie von Ebner-Eschenbach · Arthur
Eloesser · Josef Ettlinger · Anatole France · Ludwig
Ganghofer · Gustav af Geyerstam · Max Halbe · Heinrich
Hart · Julius Hart · Otto Hauser · Ludwig Hevesi · Hugo
von Hofmannsthal · Arthur Holitscher · Felix Holländer
Arno Holz · Rudolf Kassner · Alfred Kerr · Ellen Key
Isolde Kurz · Oskar Levertin · Lynkeus · Fritz Mauthner
Max Messer · Georg Freih. von Ompteda · Max
Osborn · Hans Ostwald · Felix Poppenberg · Gabriele
Reuter · Rainer Maria Rilke · Hugo Salus · Friedr.
Spielhagen · Otto Stoessl · Hermann Ubell · Jakob
Wassermann · Ernst von Wildenbruch

BARD, MARQUARDT & CO., BERLIN W. 57

Im Lennartz-Archiv vorhanden: Literarische Sammlungen

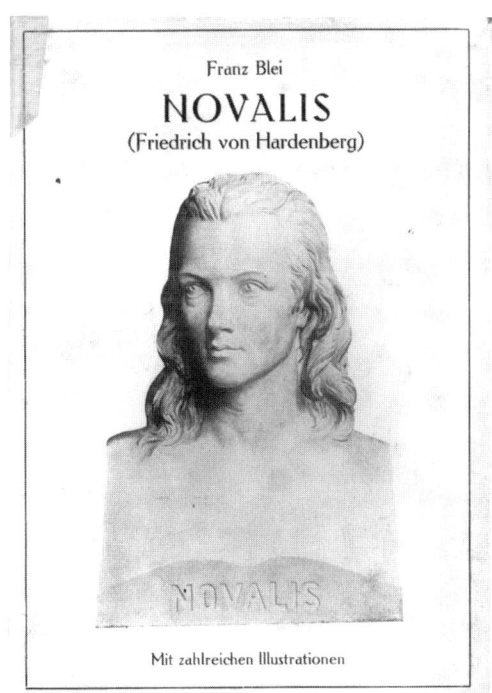

Franz Blei

NOVALIS

(Friedrich von Hardenberg)

NOVALIS

Mit zahlreichen Illustrationen

DIE
DICHTUNG
HERAUSGEGEBEN
VON PAUL REMER
BAND XLV

RICHARD DEHMEL

VON

GUSTAV KÜHL

... und gediegene Ausgaben

KURT MORAWIETZ

Geboren 1930 in Hannover. Schulbesuch in Hannover, Blankenburg, Bad Grund und Breslau. HJ., Bombennächte, Schwarzmarkt. Nacheinander Segelflieger, Straßenbauarbeiter, Austräger, Statistiker und Laufbursche; seit 1951 in der Verwaltung.

1948 Mitherausgeber der Zeitschrift "Sprachrohr der Jungen". Bis 1954 Mitarbeiter des Karl-May-Verlags. 1953 Herausgeber der Karl-May-Schrift "Am Lagerfeuer". 1955 Mitbegründer des Jungen Literaturkreises (erste Anfänge 1946 mit Hans Ulle). Begründer und Mitherausgeber der "Horen", seit 1955.

Veröffentlichungen: seit 1946 in Zeitschriften und Zeitungen, insbesondere der deutsch-amerikanischen Presse in den USA. Literarische Beilagen, Streitschriften, Flugblätter. - 1949: "Nkajala", Afrika-Roman. 1950: "Der Unwiderstehliche", Karl-May-Hörfolge (Mitverfasser). 1952: "Droben in den Bergen", Erzählung. 1957: "Wegweisende Hände", Anthologie.

DIE HOREN

Junger Literaturkreis

Nr.5   1 9 5 8   3.Jahrg.

Inhalt

Zum Geleit	2
Schrei der Jungsoldaten (1946)	5
Versteht uns doch! (1946)	5
Jugend (1946)	6
Die Antwort (1947)	6
Hans und Sophie Scholl (1947)	7
Gerichtet Ihr seid! (1947)	7
Why is war? (1948)	8
Jahreswechsel 1948/49	9
Die Ihr noch atmet (1949)	9
Jugend ist Flamme und Sturm (1949)	10
Zerschlagt die Trommeln, zerschlagt (1950)	10
Krieg (1951)	11
Abschied (1952)	11
Antwortet, Generale (1953)	12
Zur Nacht (1953)	12
Vision (1954)	13
Alles bleibt im Leeren (1955)	14
Jahreswechsel 1955/56	14
Frühling (1956)	14
Die Müden bleiben müde (1956)	15
Budapest 1956	15
Das Gesicht (1956)	15
Nun da es Nacht (1957)	16
Weihnacht (1957)	17
Jahreswechsel 1957/58	17
Ohne Titel (1958)	18
Zwielicht (1958)	18
Es sei (1958)	18
Quetzalcoatl (1958)	19
Das Gesicht des Hieronymus (1958)	21

DIE HOREN - Herausgegeben vom Jungen Literaturkreis + Postanschrift: (20a) H a n n o v e r , Schaufelder Str.16 Postscheckkonto: Morawietz, Hannover, 13 82 65

Franz Lennartz sammelte zahlreiche, heute rare Literaturzeitschriften.

Sehr früh schon nach dem 2. Weltkrieg nahm er auch das literarische Leben der DDR zur Kenntnis.

Erkundungen
17 kongolesische Erzähler

Sylvain Bemba
Joseph Caya Makhele
Médard Gauhy-Zingout
Albert Kambi-Bitchene
Henri Lopes
Jean-Louis Machard
Guy Dominique Matanga
Guy Menga
Louya Victor Mpene Malela

Fénelon Ngoho
Gilbert Salladin
Jean-François Sylvestre Souka
Jean-Baptiste Tati Loutard
Tchicaya U Tam'si
François Tchichellé Tchivela
Marie Léontine Tsibinda

ad libitum
SAMMLUNG
ZERSTREUUNG
Nr. 6
VOLK UND WELT

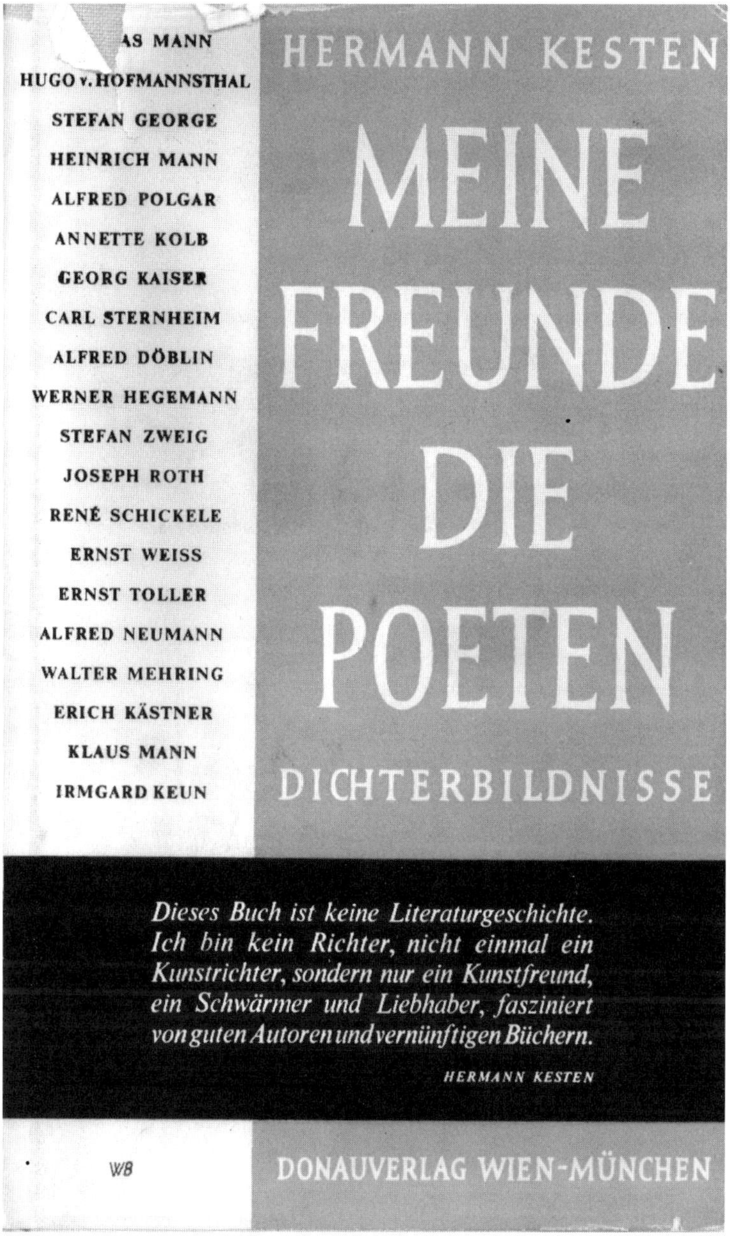

HERMANN KESTEN

AS MANN
HUGO v. HOFMANNSTHAL
STEFAN GEORGE
HEINRICH MANN
ALFRED POLGAR
ANNETTE KOLB
GEORG KAISER
CARL STERNHEIM
ALFRED DÖBLIN
WERNER HEGEMANN
STEFAN ZWEIG
JOSEPH ROTH
RENÉ SCHICKELE
ERNST WEISS
ERNST TOLLER
ALFRED NEUMANN
WALTER MEHRING
ERICH KÄSTNER
KLAUS MANN
IRMGARD KEUN

MEINE FREUNDE DIE POETEN

DICHTERBILDNISSE

Dieses Buch ist keine Literaturgeschichte.
Ich bin kein Richter, nicht einmal ein
Kunstrichter, sondern nur ein Kunstfreund,
ein Schwärmer und Liebhaber, fasziniert
von guten Autoren und vernünftigen Büchern.

HERMANN KESTEN

WB   DONAUVERLAG WIEN-MÜNCHEN

Originalausgabe aus dem Franz-Lennartz-Archiv.
Auch Kesten schrieb: »keine Literaturgeschichte«
(s. o.). Lennartz wollte »Chronist« des literarischen
Geschehens sein. Kesten war hingegen das,
was die Franzosen einen »Ecrivain« nennen (Klappentext).

Postkarte und Bierdeckel aus der Sammlung
»Zille« des Franz-Lennartz-Archivs. Es ist eine Besonderheit dieses Archivs,
daß auch Dokumente und Nachrichten aufbewahrt werden, die sonst wegen
mangelnder »literaturwissenschaftler Dignität« verloren gehen.
Bei Franz Lennartz findet man also, was man sonst nicht findet,
jedenfalls nicht in literarisch akademisch verwalteten Archiven.

Tapeten, Gurken und Bananen …

Die Anzahl der gesammelten Dokumente zu Leben und Werk der Dichter und Schriftsteller ist Legion und nur durch praktische Kunstgriffe zu beherrschen. Bis heute stellt der Autor die archivische Ordnung kostengünstig durch die Verwendung von selbst zugeschnittenen Tapetenmappen sowie durch Gurkenschachteln und Bananenkartons her. Für die Ordnungsarbeiten im Frankfurter Franz-Lennartz-Archiv bat die Bibliothek auf diplomatischem Wege, Gratisgurkenschachteln aus den Niederlanden zu erhalten. Augenscheinlich hielt man dieses Ansinnen für einen Scherz, und die Bibliothek erhielt keine Antwort. Daraufhin stiftete Franz Lennartz selbst zweitausend Pappschachteln zur Sortierung

Neben spezifischen Literaturzeitschriften aus aller Welt sammelte Lennartz zahlreiche historische Blätter, Bilderbogen, humoristische und satirische Zeitschriften. Für die Stadt- und Universitätsbibliothek Frankfurt am Main sind diese Materialien heute eine willkommene Ergänzung der umfangreichen eigenen Bestände.

Der Lexikograph

Franz Lennartz
Deutsche Schriftsteller des 20. Jahrhunderts im Spiegel der Kritik

Drei Bände mit 845 Einzeldarstellungen aus den elf Auflagen des bekannten Literaturführers von Franz Lennartz in alphabetischer Folge **und ein Registerband** mit Werkregister und dokumentarischem Anhang.

Ca. 2100 Seiten
**Kart. i. Kassette DM 58,—
ab 1.3.1985 DM 68,—**
ISBN 3-520-82101-X
Erscheint im Januar.

Von der ersten Auflage im Jahre 1938 an gibt *der Lennartz* Auskunft über die Gegenwartsautoren, »deren Name und Werk dem Bücher- und Zeitungsleser wie dem Rundfunkhörer und Theaterbesucher heute am meisten begegnen«.

Dieser Literaturführer gibt nicht nur die ›objektiven‹ Daten über Leben und Werk der Autoren wieder, sondern er spiegelt zugleich die öffentliche Einschätzung der *Literaturkritik*. Das vorliegende Nachschlagewerk enthält die jeweils jüngste Fassung aller von Lennartz seit 1938 gebrachten Essays, alle früheren Fassungen sind nachgewiesen. Im Registerband sind 10000 behandelte Werke erfaßt. Der dokumentarische Anhang macht die am Lennartz ablesbaren literaturgeschichtlichen Entwicklungen im Überblick deutlich und beleuchtet die Autorenauswahl in den Auflagen von 1938 bis 1954.

Alfred Kröner Verlag · Postfach 1109 · 7000 Stuttgart 1

Der Lexikograph
(Vorbemerkung)

»Der Literaturführer von Franz Lennartz ist seit mehr als vierzig Jahren eine Institution. Wie der *Duden* oder der *Kürschner*, mit denen er mehrfach verglichen wurde, entspricht der Lennartz einem aktuellen Informations- und Nachschlagebedürfnis über einen stets in Wandlung befindlichen zentralen Bereich des kulturellen Lebens.« Dieser Befund stammt aus einem im Jahre 1984 veröffentlichten Vorwort des Alfred Kröner Verlags in Stuttgart, der alle Literaturführer des Autors seit 1938 herausgebracht hat.

Begonnen hatte es mit dem Titel »*Die Dichter unserer Zeit – 275 Einzeldarstellungen zur deutschen Dichtung der Gegenwart*«; dieser Titel wurde in der Folge mehrfach modifiziert, parallel dazu erschien seit 1955 »*Ausländische Dichter und Schriftsteller unserer Zeit, Einzeldarstellungen zur Schönen Literatur in fremden Sprachen*«. Die Bestandsaufnahme der deutschen Literatur erschien zwischen 1938 und 1978 elfmal, eine Kumulation der Einzelbeiträge veröffentlichte der Verlag 1984 unter dem Titel »*Deutsche Schriftsteller des 20. Jahrhunderts im Spiegel der Kritik*«. Die Prinzipien, nach denen in der jeweiligen Ausgabe Schriftsteller neu aufgenommen bzw. ausgeschieden wurden, sind in der Kritik kontrovers behandelt worden. Die vorliegende Ausstellungsbegleitschrift versucht jetzt, zumindest einem damit zusammenhängenden Übel abzuhelfen: Erstmals versammelt sie *alle* von Lennartz behandelten deutschsprachigen und alle behandelten fremdsprachigen Schriftsteller in einem leicht überschaubaren Alphabet. Wenn man bedenkt, daß es sich ja bei den einzelnen Beiträgen nicht um kurze Lexikonnotizen, sondern um ausgearbeitete Darstellungen handelt, wenn auch von sehr unterschiedlicher Länge, dann nötigt allein die Fülle dieses Panoramas Respekt und Bewunderung ab. Um diese immense Arbeitsleistung zu dokumentieren, zeigt die Ausstellung nicht nur die fertigen zahlreichen Buchausgaben, sondern auch Einzelartikel, Korrespondenz mit Autoren sowie Korrekturabzüge: work in progress.

Eine ausgearbeitete literaturwissenschaftliche Würdigung der Lennartz'schen Literaturführer ist bislang noch Desiderat. Programmatisch und ganz sicher auch als Reaktion auf die Kritik hat Franz Lennartz allerdings in den Vorworten seiner Bücher seine Hauptprinzipien benannt. Aus diesem Grunde geben wir bezüglich der deutschsprachigen Schriftsteller das Vorwort der ersten Ausgabe von 1938, bezüglich der fremdsprachigen Schriftsteller das der vierten Auflage von 1971 wieder. Selbstverständlich sind die auflagenstarken Bücher selber auch Gegenstand der Kritik gewesen. Ausstellung und Begleitbuch unterscheiden dabei die politisch-polemische Nachkriegsphase von der Phase der später ernsthaften Auseinandersetzung und Würdigung, die u.a. mit den Namen Max Rychner, Gustav Korlén und Marcel Reich-Ranicki verbunden ist. Über Franz Lennartz ist augenscheinlich bis jetzt nur eine Hochschul- bzw. Examensschrift angefertigt worden. An der Stockholmer Universität schrieb Doris Rune Herbst 1969 über: *Franz Lennartz' Literaturführer im Dritten Reich und nach 1945 – Studien zum Inhalt*. Die statistisch angelegte Arbeit beschäftigt sich mit den von Lennartz zur Behandlung ausgewählten Autoren im und nach dem Nationalsozialismus und kommt beispielsweise bezüglich der Ausgabe von 1941 zu dem bemerkenswerten Schluß, daß von 293 ideologisch nachträglich ungefähr bestimmbaren Autoren ca. die Hälfte dem Nationalsozialismus partiell negativ oder indifferent gegenüberstand. 1985 wird Franz Lennartz in der ZDF-Sendung »Aspekte« interviewt. Sein Gespräch mit Dieter Schwarzenau wird hier wiedergegeben. Es enthält grundlegende Eigenansichten zu Leben und Werk. Einzelne Stimmen aus Presse- und Literaturbetrieb runden dieses Kapitel ab.

Abitur 1929 – Franz Lennartz: hintere Reihe, erster von links

Gesamtalphabet der von Franz Lennartz behandelten Autoren

Achleitner, F. ◊ Achmatowa, A. ◊ Achternbusch, H. ◊ Adamov, A. ◊ Agnon, S. Y.; Ahlsen, L. ◊ Aichinger, I. ◊ Aiken, C. ◊ Alain-Fournier ◊ Albee, E. ◊ Alberti, R. ◊ Aldington, R. ◊ Aleixandre, V. ◊ Algren, N. ◊ Allen, H. ◊ Alonso, D. ◊ Altendorf, W. ◊ Althaus, P. P. ◊ Alvaro, C. ◊ Alverdes, P. ◊ Amado, J. ◊ Amanshauser, G. ◊ Amery, C. ◊ Améry, J. ◊ Amis, K. ◊ Ammers-Küller, J. v. ◊ Anacker, H. ◊ Andersch, A. ◊ Andersen-Nexö, M. ◊ Anderson, M. ◊ Anderson, S. ◊ Andres, S. P. ◊ Andric, I. ◊ Andrzejewski, J. ◊ Anouilh, J. ◊ Apitz, B. ◊ Apollinaire, G. ◊ Aragon, L. ◊ Arden, J. ◊ Arendt, E. ◊ Arghezi, T. ◊ Arp, H. ◊ Arrabal, F. ◊ Artaud, A. ◊ Artmann, H. C. ◊ Astel, A. ◊ Asturias, M. A. ◊ Atabay, C. ◊ Auden, W.H. ◊ Audiberti, J. ◊ Augustin, E. ◊ Augustiny, W. ◊ Ausländer, R. ◊ Aymé, M. ◊ Bacchelli, R. ◊ Bachmann, I. ◊ Bacmeister, E. ◊ Bade, W. ◊ Bächler, W. ◊ Bäumer, G. ◊ Balchin, N. ◊ Baldwin, J. A. ◊ Bamm, P. ◊ Bang, H. ◊ Barbusse, H. ◊ Barlach, E. ◊ Barnes, D. ◊ Baroja y Nessi, P. ◊ Barth, E. ◊ Barth, J. ◊ Barthel, L. F. ◊ Barthel, M. ◊ Basner, G. ◊ Bassani, G. ◊ Bauer, A. ◊ Bauer, J. M. ◊ Bauer, W. ◊ Bauer, W. ◊ Baum, V. ◊ Baumann, H. ◊ Baumgart, R. ◊ Bayr, R. ◊ Beauvoir, S. de ◊ Becher, J. R. ◊ Becher, U. ◊ Beck, B. ◊ Becker, Jur ◊ Becker, J. ◊ Beckett, S. ◊ Behan, B. ◊ Beheim-Schwarzbach, M. ◊ Beielstein, F. W. ◊ Belloc, H. ◊ Bellow, S. ◊ Belzner, E. ◊ Benavente, J. ◊ Bender, H. ◊ Benét, S. V. ◊ Benn, G. ◊ Bennett, (E.) A. ◊ Benrath, H. ◊ Bense, M. ◊ Bentlage, M. ◊ Berens-Totenohl, J. ◊ Berg, B. ◊ Bergengruen, W. ◊ Berger, S. ◊ Bernanos, G. ◊ Bernhard, T. ◊ Bernus, A. Frhr. v. ◊ Bertram, E. ◊ Beste, K. ◊ Bethge, F. ◊ Betti, U. ◊ Betsch, R. ◊ Betzner, A. ◊ Beumelburg, W. ◊ Bichsel, P. ◊ Bieler, M. ◊ Bieneck, H. ◊ Biermann, W. ◊ Billinger, R. ◊ Binding, R. ◊ Bingel, H. ◊ Birkenfeld, G. ◊ Bischoff, F. ◊ Blixen, T. ◊ Block, A. ◊ Blöcker, G. ◊ Bloy, L. ◊ Blunck, H. F. ◊ Bobrowski, J. ◊ Bock, W. ◊ Bodker, C. ◊ Bodmershof, I. v. ◊ Böhlau, H. ◊ Böhme, H. ◊ Böll, H. ◊ Böök, F. ◊ Börner, K. E. ◊ Boesch, H. ◊ Böttcher, M. ◊ Boie, M. ◊ Bojer, J. ◊ Bolt, R. ◊ Bond, E. ◊ Bongs, R. ◊ Bonnefoy, Y. ◊ Bonsels, W. ◊ Bontempelli, M. ◊ Borchardt, R. ◊ Borchers, E. ◊ Borchert, W. ◊ Borée, F. ◊ Borges, J. L. ◊ Born, N. ◊ Bosper, A. ◊ Bossi Fredrigotti, Graf A. ◊ Boudier-Bakker, I. ◊ Boyle, K. ◊ Brambach, R. ◊ Brandenburg, H. ◊ Brandner, U. ◊ Brandstetter, A. ◊ Brandys, K. ◊ Branner, H.C. ◊ Brasch, T. ◊ Brasillach, R. ◊ Braun, F. ◊ Braun, M. ◊ Braun, V. ◊ Brautlacht, E. ◊ Brechbühl, B. ◊ Brecht, B. ◊ Bredehöft, H. ◊ Bregendahl, M. ◊ Brehm, B. ◊ Breitbach, J. ◊ Bremen, C. v. ◊ Bremer, C. ◊ Brenner, H. G. ◊ Brentano, B. v. ◊ Breton, A. ◊ Brinkmann, R. D. ◊ Britting, G. ◊ Broch, H. ◊ Brock, B. ◊ Brock, P. ◊ Brockmeier, W. ◊ Brod, M. ◊ Bröger, K. ◊ Bromfield, L. ◊ Bruckner, F. ◊ Brückner, C. ◊ Brües, O. ◊ Brunngraber, R. ◊ Bruun, L. ◊ Bruyn, G. de ◊ Buch, F. P. ◊ Buch, H. C. ◊ Buchheim, L.-G. ◊ Buchholtz, H. ◊ Buchholtz, J. ◊ Buck, P. S. ◊ Bürkle, V. ◊ Bulatovic, M. ◊ Bunin, I. ◊ Burckhardt, C. J. ◊ Burkart, E. ◊ Burman, B. L. ◊ Burroughs, W. S. ◊ Burte, H. ◊ Busse, H. E. ◊ Busta, C. ◊ Butor, M. ◊ Buzzati, D. ◊ Cain, J. ◊ Caldwell, E. ◊ Caldwell, (J.) T. ◊ Calvino, I. ◊ Camus, A. ◊ Canetti, E. ◊ Capek ◊ Karel ◊ Capote, T. ◊ Carossa, H. ◊ Carpentier, A. ◊ Cary, J. ◊ Casona, A. ◊ Cather, W. (S.) ◊ Cayrol, J. ◊ Cela, C. J. ◊ Celan, P. ◊ Céline, L.-F. ◊ Cendrars, B. ◊ Ceram, C.W. ◊ Césaire, A. ◊ Cèspedes, A. de ◊ Chamson, A. ◊ Char, R. ◊ Chase, M. E. ◊ Chesterton, G. K. ◊ Chiesa, F. ◊ Chotjewitz, P. ◊ Christ, L. ◊ Christaller, H. ◊ Cicelli, K. ◊ Claes, E. ◊ Claudel, P. ◊ Claudius, H. ◊ Claus, H. ◊ Cloete, S. ◊ Cocteau, J. ◊ Colette, S.-G. ◊ Conrad, J. ◊ Coolen, A. ◊ Coward, N. ◊ Cramer, H. v. ◊ Cremers, P. J. ◊ Cronin, A. ◊ Csokor, F. T. ◊ Cube, H. v. ◊ Cummings, E. E. ◊ Czibulka, A. Frhr. v. ◊ Däubler, T. ◊ Dagermann, S. H. ◊ Daisne, J. ◊ Daniel-Rops ◊ Davico, O. ◊ Day, C. ◊ Deeping, W. ◊ Degenhardt, F.-J. ◊ Deichsel, W. ◊ Deledda, G. ◊ Delius, F. C. ◊ Deml, F. ◊ Derleth, L. ◊ Déry, T. ◊ Deschner, K.

◊ Dhünen, F. ◊ Dickens, M. ◊ Diego, G. ◊ Diettrich, F. ◊ Diggelmann, W. M. ◊ Dittmer, H. ◊ Dixelius (-Brettner), H. ◊ Doderer, H. v. ◊ Döblin, A. ◊ Dörfler, A. ◊ Dörfler, P. ◊ Dombrowska, M. ◊ Domin, H. ◊ Dominik, H. ◊ Dor, M. ◊ Dorgelès, R. ◊ Dorst, T. ◊ Dos Passos, J. ◊ Douglas, L. C. ◊ Drach, A. ◊ Dreiser, T. ◊ Drewitz, I. ◊ Druon, M. ◊ Drygalski, I. v. ◊ Dürrenmatt, F. ◊ Dudinzew, W. ◊ Duhamel, G. ◊ Dumitriu, P. ◊ Duras, M. ◊ Durrell, L. ◊ Duun, O. ◊ Dwinger, E. E. ◊ Ebermayer, E. ◊ Ebner, J. ◊ Eckart, D. ◊ Eckmann, H. ◊ Edschmid, K. ◊ Egge, P. ◊ Eggers, K. ◊ Ehmer, W. ◊ Ehrenburg, I. ◊ Ehrke, H. ◊ Ehrler, H. H. ◊ Eich, G. ◊ Eisendle, H. ◊ Eisenreich, H. ◊ Ekelöf, G. ◊ Elbertzhagen, T. W. ◊ Eliot, T. S. ◊ Elsner, G. ◊ Eluard, P. ◊ Elytis, O. ◊ Endrikat, F. ◊ Engelke, G. ◊ Engelmann, B. ◊ Enzensberger, C. ◊ Enzensberger, H. M. ◊ Erath, V. ◊ Erler, O. ◊ Ernst, P. ◊ Erskine, J. ◊ Eschmann, E. W. ◊ Estang, L. ◊ Estaunié, E. ◊ Ettighoffer, P. C. ◊ Euringer, R. ◊ Faesi, R. ◊ Falkberget, J. ◊ Fallada, H. ◊ Farrell, J. T. ◊ Faßbinder, R. W. ◊ Faulkner, W. ◊ Fechter, P. ◊ Federer, H. ◊ Federspiel, J. ◊ Fedin, K. ◊ Fels, L. ◊ Ferber, E. ◊ Ferlinghetti, L. ◊ Feuchtwanger, L. ◊ Fichte, H. ◊ Field, R. ◊ Finckenstein, O. Graf ◊ Finckh, L. ◊ Findeisen, K. A. ◊ Fitzgerald, F. S. ◊ Flake, O. ◊ Flam, C. ◊ Flessa, E. ◊ Fleuron, S. ◊ Flex, W. ◊ Fock, G. ◊ Fönhus, M. ◊ Fontana, O. M. ◊ Forbes, E. ◊ Forester, C. S. ◊ Forster, E.M. ◊ Forte, D. ◊ Franchy, F. K. ◊ Franck, H. ◊ Frank, B. ◊ Frank, L. ◊ Freiberg, S. ◊ Frenssen, G. ◊ Fried, E. ◊ Friedell, E. ◊ Friedenthal, R. ◊ Fries, F. R. ◊ Fringeli, D. ◊ Frisch, M. ◊ Frischmuth, B. ◊ Fritsch, G. ◊ Fritz, W. H. ◊ Fröhlich, H. J. ◊ Frost, R. ◊ Fry, C. ◊ Fuchs, G. B. ◊ Fühmann, F. ◊ Fuentes, C. ◊ Fussenegger, G. ◊ Gabele, A. ◊ Gadda, C. E. ◊ Gagern, F. Frhr. v. ◊ Gaiser, G. ◊ Gallegos, R. ◊ Galsworthy, J. ◊ Gan, P. ◊ Garnett, D. ◊ Gatti, A. ◊ Geerk, F. ◊ Geißler, C. ◊ Geißler, H. W. ◊ Genet, J. ◊ George, S. ◊ Gevers, M. ◊ Ghelderode, M. de ◊ Gheorghiu, C. V. ◊ Gide, A. ◊ Gilbricht, W. ◊ Ginsberg, A. ◊ Ginzkey, F. K. ◊ Giono, J. ◊ Giraudoux, J. ◊ Gjellerup, K. ◊ Glaeser, E. ◊ Glaser, W. ◊ Glasgow, E. ◊ Gluth, O. ◊ Gmelin, O. ◊ Gobsch, H. ◊ Goes, A. ◊ Goetz, C. ◊ Goetz, W. ◊ Götz, K. ◊ Golding, W. ◊ Goltz, J. Frhr. v. der ◊ Gombrowicz, W. ◊ Gomringer, E. ◊ Goote, T. ◊ Goudge, E. ◊ Goyen W. ◊ Goytisolo, J. ◊ Grabenhorst, G. ◊ Gracq, J. ◊ Graedener, H. ◊ Graf, O. M. ◊ Graff, S. ◊ Grass, G. ◊ Graves, R. ◊ Green, J. ◊ Greene, G. ◊ Gregor-Dellin, M. ◊ Grengg, M. ◊ Griese, F. ◊ Grimm, H. ◊ Grogger, P. ◊ Grote, H. H. Frhr. ◊ Grün, M. v. der ◊ Guareschi, G. ◊ Gudmundsson, K. ◊ Günther, H. ◊ Günther, J. ◊ Guesmer, C. ◊ Gütersloh, P. v. ◊ Guggenheim, K. ◊ Guillén, J. ◊ Guitry, S. ◊ Gulbranssen, T. ◊ Gullvaag, O. ◊ Gumpert, M. ◊ Gunn, N. M. ◊ Gunnarsson, G. ◊ Gurk, P. ◊ Gustafsson, L. ◊ Habe, H. ◊ Habeck, F. ◊ Hacks, P. ◊ Haecker, H.-J. ◊ Haensel ◊ Carl Härtling, P. ◊ Hagelstange, R. ◊ Halbe, M. ◊ Hallström, P. (A. L.) ◊ Hamsun, K. ◊ Handel-Mazzetti, E. Freiin v. ◊ Handke, P. ◊ Hannsmann, M. ◊ Harig, L. ◊ Hartlaub, F. ◊ Hartlaub, G. ◊ Hartog, J. de ◊ Hartung, H. ◊ Hartung, H. ◊ Hartung, R. ◊ Hatzfeld, A. v. ◊ Haufs, R. ◊ Haukland, A. ◊ Hauptmann, C. ◊ Hauptmann, G. ◊ Hauser, H. ◊ Haushofer, A. ◊ Hausmann, M. ◊ Havel, V. ◊ Hay, J. ◊ Heckmann, H. ◊ Heidenstam, V. von ◊ Heil de Brentani, M. ◊ Heimeran, E. ◊ Heinrich, W. ◊ Heise, H.-J. ◊ Heiseler, B. v. ◊ Heißenbüttel, H. ◊ Helke, F. ◊ Helwig, W. ◊ Hemingway, E. ◊ Hemmer, J. ◊ Henisch, P. ◊ Henz, R. ◊ Herbert, Z. ◊ Herburger, G. ◊ Hergesheimer, J. ◊ Herhaus, E. ◊ Hermans, W. F. ◊ Hermlin, S. ◊ Herse, H. ◊ Hersey, J. R. ◊ Hesse, H. ◊ Hesse, M. R. ◊ Heuschele, O. ◊ Hey, R. ◊ Heyck, H. ◊ Heym, S. ◊ Heynicke, K. ◊ Hildesheimer, W. ◊ Hillebrand, B. ◊ Hilton, J. ◊ Hinrichs, A. ◊ Hirche, P. ◊ Hlasko, M. ◊ Hobart, A.T. ◊ Hochhuth, R. ◊ Hochwälder, F. ◊ Höfler, P. M. ◊ Höllerer, W. ◊ Hoerner, H. v. ◊ Hoerschelmann, F. v. ◊ Hoff, K. ◊ Hoffmann, D. ◊ Hoffmann, R. ◊ Hofmannsthal, H. v. ◊ Hohl, L. ◊ Hohlbaum, R. ◊ Hohoff, C. ◊ Hoinkis, E. ◊ Holgersen, A. ◊ Hollander, W. v. ◊ Holthusen, H. E. ◊ Holub, M. ◊ Honegger, A. ◊ Hrabal, B. ◊ Huch, R. ◊ Huch, R. ◊ Huchel, P. ◊ Huelsenbeck, R. ◊ Huggenberger, A. ◊ Hughes, L. ◊ Huxley, A. L. ◊ Hymmen, F. W. ◊ Ihlenfeld, K. ◊ Illyés, G. ◊ Inglin, M. ◊ Ingrisch, L. ◊ Innerhofer, F. ◊ Ionesco, E. ◊ Isherwood, C. W. B. ◊ Italiander, R. ◊ Iwaskiewicz, J. ◊ Jaeckle, E. ◊ Jägersberg, O. ◊ Jahn, M. ◊ Jahnn, H. H. ◊ James, H. ◊ Jammes, F. ◊ Jandl, E. ◊ Janker, J. ◊ Jansen, W. ◊ Jarrell, R. ◊ Jelusich, M. ◊ Jens, W. ◊ Jensen, J. V. ◊ Jentzsch, B. ◊ Jewtuschenko, J. ◊ Jiménez, J. R. ◊ Johnson, E. ◊ Johnson, U. ◊ Johst, H. ◊ Jokostra, P. ◊ Jonke, G. F. ◊ Jones, J. ◊ Jones, Le Roi ◊ Jouhandeau, M. ◊ Joyce, J. ◊ Jünemann, W. ◊ Jünger, E. ◊ Jünger, F. G. ◊ Jungnickel, M. ◊ Just, B. ◊ Kaergel, H. C. ◊ Kästner, E. ◊ Kästner, E. ◊ Kafka, F. ◊ Kahle, M. ◊ Kaiser, J. ◊ Kamban, G. ◊ Kant, H. ◊ Kantorowicz, A. ◊ Karrasch, A. ◊ Karsunke, Y. ◊ Kasack, H. ◊ Kaschnitz, M. L. ◊ Kassner, R. ◊ Katajew, V. ◊ Kawabata, Y. ◊ Kaye-Smith, S. ◊ Kayssler, F. ◊ Kazantzakis, N. ◊ Keller, H. P. ◊ Kellermann, B. ◊ Kempowski, W. ◊ Kerouac, J. ◊ Kessel, M. ◊ Kesten, H. ◊ Kieseritzky, I. ◊ Kipling, R. ◊ Kipphardt, H. ◊ Kirsch, R. ◊ Kirsch, S. ◊ Kirschweng, J. ◊ Kirst, H. H. ◊ Kirsten, W. ◊ Klaß, G. v. ◊ Klepper, J. ◊ Klipstein, E. ◊ Kloepfer, H. ◊ Klucke, W. G. ◊ Kluge, A. ◊ Kluge, K. ◊ Kneip, J. ◊ Knittel, J. ◊ Koch, T. ◊ Köhler, W. ◊ Kölwel, G. ◊ König, B. ◊ König, E. ◊ Koeppen, W. ◊ Körner, W. ◊ Körner, W. H. ◊ Koestler, A. ◊ Kohlhaas, W. ◊ Kohout, P. ◊ Kolb, A. ◊ Kolbenheyer, E. G. ◊ Kolbenhoff, W. ◊ Kolleritsch, A. ◊ Koltz, A. ◊ Kommerell, M. ◊ Konjetzky, K. ◊ Korn, R. ◊ Koskenniemi, V. A. ◊ Kotzde-Kottenrodt, W. ◊ Krämer-Badoni, R. ◊ Kraft, W. ◊ Kramp, W. ◊ Kraus, K. ◊ Kreuder, E. ◊ Krieger, A. ◊ Kriwet, F. ◊ Kröger, T. ◊ Kroetz, F. X. ◊ Krolow, K. ◊ Kroneberg, E. ◊ Krüger, H. ◊ Krüger, M. ◊ Krupka, W. ◊ Krzleza, M. ◊ Kühn, D. ◊ Kükelhaus, H. ◊ Künkel, H. ◊ Kürenberg, J. v. ◊ Kuhnert, A. A. ◊ Kunert, G. ◊ Kunze, R. ◊ Kurz, I. ◊ Kurz, K. F. ◊ Kusenberg, K. ◊ Kusnezow, A. ◊ Kutzleb, H. ◊ Kyser, H. ◊ Lagerkvist, P. ◊ Lagerlöf, S. ◊ Landgrebe, E. ◊ Lange, H. ◊ Lange, H. ◊ Langenbeck, C. ◊ Langer, R. ◊ Langewiesche, M. ◊ Langgässer, E. ◊ Langner, I. ◊ Larbaud, V. ◊ Larese, D. ◊ Lasker-Schüler, E. ◊ Lattmann, D. ◊ Lauber, C. ◊ Lauckner, R. ◊ Lautenegger, G. ◊ Lavant, C. ◊ Lavater-Sloman, M. ◊ Lawrence, D.H. ◊ Laxness, H. ◊ Le Clézio, J.-M. G. ◊ Ledig, G. ◊ Le Fort, G. v. ◊ Lehmann, A.-H. ◊ Lehmann, R. ◊ Lehmann, W. ◊ Leibl, E. ◊ Leifhelm, H. ◊ Leip, H. ◊ Leitgeb, J. ◊ Lenz, H. ◊ Lenz, S. ◊ Leonow, L. ◊ Lernet-Holenia, A. ◊ Lersch, H. ◊ Lettau, R. ◊ Leutelt, G. ◊ Levi, C. ◊ Lewis, S. ◊ Lichnowsky, M. Fürstin ◊ Lind, J. ◊ Lindegren, E. J. ◊ Linhartová, V. ◊ Linke, J. ◊ Linklater, E. ◊ Lin Yutang ◊ Llewellyn, R. ◊ Löhndorff, E. F. ◊ Löns, H. ◊ Loerke, O. ◊ Loetscher, H. ◊ Lo-Johansson, I. ◊ London, J. ◊ Loos, C. I. ◊ Lorca, F. G. ◊ Loti, P. ◊ Lowell, R. ◊ Lowry, M. ◊ Ludwig, P. ◊ Lützkendorf, F. ◊ Luft, F. ◊ Lulofs, M. ◊ Lundkvist, A. ◊ Luserke, M. ◊ Lyttkens, A. ◊ Maaß, E. ◊ Maaß, J. ◊ MacLeish, A. ◊ Mailer, N. ◊ Majakowski, W. ◊ Malamud, B. ◊ Malaparte, C. ◊ Malkowski, R. ◊ Malraux, A. ◊ Mann, H. ◊ Mann, K. ◊ Mann, T. ◊ Mansfield, K. ◊ Marcel, G. ◊ Marginter, P. ◊ Marquand, J. P. ◊ Marschall, J. ◊ Marshall, B. ◊ Marti, K. ◊ Martin du Gard, R. ◊ Martinson, H. ◊ Masefield, J. ◊ Masters, E. L. ◊ Maugham, W. S. ◊ Mauriac, F. ◊ Maurina, Z. ◊ Maurois, A. ◊ Mayer, H. ◊ Mayröcker, F. ◊ McCarthy, M. ◊ McCullers, C. ◊ Mechow, K. B. v. ◊ Mechtel, A. ◊ Meckauer, W. ◊ Meckel, C. ◊ Meersch, M. v. d. ◊ Mehring, W. ◊ Meichsner, D. ◊ Meidinger-Geise, I. ◊ Meier, H. ◊ Meister, E. ◊ Mell, M. ◊ Mendelssohn, P. de ◊ Menzel, G. ◊ Menzel, H. ◊ Mereschkowski, D. ◊ Merker, E. ◊ Merle, R. ◊ Merton, T. ◊ Meschendörfer, A. ◊ Meyer, E.Y. ◊ Meyer-Eckhardt, V. ◊ Michaux, H. ◊ Michelsen, H. G. ◊ Mickel, K. ◊ Miegel, A. ◊ Miller, A. ◊ Miller, A. M. ◊ Mishima, Y. ◊ Mistral, G. ◊ Mitchell, M. ◊ Mitterer, E. ◊ Moberg, V. ◊ Möller, E. W. ◊ Möller, K. v. ◊ Molnár, F. ◊ Molo, W. v. ◊ Mon, F. ◊ Monnier, T. ◊ Montale, E. ◊ Montherlant, H. de ◊ Moore, M. ◊ Moravia, A. ◊ Morawietz, K. ◊ Morel, R. ◊ Morgan, C. L. ◊ Morgenstern, C. ◊ Morgner, I. ◊ Mostar, G. H. ◊ Mrozek, S. ◊ Mühl, K. O. ◊ Mühlberger, J. ◊ Müller, A. ◊ Müller, B. ◊ Mueller, H. W. ◊ Müller, H. ◊ Müller-Scheld, W. ◊ Münchhausen, B. Frhr. v. ◊ Mumelter, H. ◊ Mungenast, E. M. ◊ Munier-Wroblenska, M. ◊ Munthe, A. ◊ Muntz, H. ◊ Murdoch, I. ◊ Muschg, A. ◊ Muschler, R. C. ◊ Musil, R. ◊ Nabl, F. ◊ Nabokov, V. ◊ Namora, F. ◊ Narayan, R.K. ◊ Naso, E. v. ◊ Nebel, G. ◊ Nekrassow, V. ◊ Nelissen-Haken, B. ◊ Németh, L. ◊ Neruda, P. ◊ Neumann, A. ◊ Neumann, R. ◊ Neutsch, E. ◊ Nick, D. ◊ Niebelschütz, W. v. ◊ Niekrawietz, H. ◊ Nierentz, H. J. ◊ Nin, A. ◊ Nizon, P. ◊ Nonnenmann, K. ◊ Nossak, H. E. ◊ Novak, H. M. ◊ Obaldia, R. de ◊ Oberkofler, J. G. ◊ O'Casey, S. ◊ O'Connor, F. ◊ Odets, C. ◊ O'Faoláin, S. ◊ O'Flaherty, L. ◊ O'Hara, J. ◊ Okopenko, A. ◊ Olescha, J. ◊ Olson, C. ◊ O'Neill, E. G. ◊ Oppenberg, F. ◊ Ortner, E. ◊ Orwell, G. ◊ Osborne, J. ◊ Palazzeschi, A. ◊ Pannwitz, R. ◊ Pasternak, B. ◊ Pastior, O. ◊ Paulsen, R. ◊ Paulus, H. ◊ Pause, H. L. ◊ Pausewang, G. ◊ Paust, O. ◊ Paustowski, K. ◊ Pavese, C. ◊ Pavlovic, M. ◊ Paz, O. ◊ Penzoldt, E. ◊ Perez de Ayala, R. ◊ Perkonig, J. F. ◊ Pérochon, E. ◊ Perse, S.-J. ◊ Picard, M. ◊ Pinget, R. ◊ Pinter, H. ◊ Piontek, H. ◊ Pirandello, L. ◊ Piwitt, H. P. ◊ Plenzdorf, U. ◊ Plessen, E. ◊ Pleyer, W. ◊ Plievier, T. ◊ Plisnier, C. ◊ Pörtner, P. ◊ Poethen, J. ◊ Pohl, G. ◊ Polgar, A. ◊ Ponten, J. ◊ Popa, V. ◊ Porter, K. A. ◊ Poss, A. ◊ Pound, E. ◊ Powell, A. ◊ Preradovic, P. v. ◊ Prévert, J. ◊ Priestley, J. B. ◊ Quasimodo, S. ◊ Queneau, R. ◊ Raddatz, F.-J. ◊ Radecki, S. v. ◊ Raeber, K. ◊ Rainalter, E. ◊ Rakette, E. ◊ Ramuz, C. F. ◊ Raschke, M. ◊ Rasp, R. ◊ Rausch, J. ◊ Rawlings, M. K. ◊ Raynal, P. ◊ Reding, J. ◊ Reger, E. ◊ Regnier, P. ◊ Rehberg, H. ◊ Rehfisch, H. J. ◊ Rehmann, R. ◊ Rehn, J. ◊ Reich-Ranicki, M. ◊ Reinacher, E. ◊ Reinig, C. ◊ Reinshagen, G. ◊ Reisiger, H. ◊ Remarque, E. M. ◊ Rendl, G. ◊ Renn, L. ◊ Reymont, W. S. ◊ Rezzori, G. v. ◊ Richter, C. ◊ Richter, H. W. ◊ Riemkasten, F. ◊ Rilke, R. M. ◊ Ring, B. ◊ Ringelnatz, J. ◊ Rinser, L. ◊ Risse, H. ◊ Ritsos, J. ◊ Robbe-Grillet, A. ◊ Roberts, E. M. ◊ Roberts, K. ◊ Roche, M. de la ◊ Röttger, K. ◊ Rogge, A. ◊ Rokeah, D. ◊ Rolland, R. ◊ Rombach, O. ◊ Romains, J. ◊ Rosa, J. G. ◊ Rosei, P. ◊ Rosendorfer, H. ◊ Rossi, V. G. ◊ Roth, E. ◊ Roth, G. ◊ Roth, J. ◊ Roth, P. ◊ Rothacker, G. ◊ Rózewicz, T. ◊ Rubatscher, M. V. ◊ Rüber, J. ◊ Rühm, G. ◊ Rühmkorf, P. ◊ Runge, E. ◊ Rychner, M. ◊ Saalfeld, M. ◊ Sábato, E. ◊ Sachs, N. ◊ Sackville-West, V. ◊ Sadoveanu, M. ◊ Sagan, F. ◊ Saint-Exupéry, A. ◊ Sainte-Soline, C. ◊ Salburg, E. Gräfin ◊ Salinger, J. D. ◊ Salminen, S. ◊ Salomon, E. v. ◊ Salvatore, G. ◊ Sandburg, C. ◊ Sander, U. ◊ Sanguinetti, E. ◊ Santayana, G. ◊ Saroyan, W. ◊ Sarraute, N. ◊ Sartre, J.-P. ◊ Saunders, J. ◊ Sayers, D. L. ◊ Schädlich, H. J. ◊ Schaefer, O. ◊ Schäfer, W. E. ◊ Schäfer, W. ◊ Schäferdiek, W. ◊ Schaeffer, A. ◊ Schaffner, J. ◊ Schallück, P. ◊ Schaper, E. ◊ Scharang, M. ◊ Scharpenberg, M. ◊ Scharrelmann, W. ◊ Schaumann, R. ◊ Schauwecker, F. ◊ Scheele, M. ◊ Schehadé, G. ◊ Schenk, J. ◊ Schenzinger, K. A. ◊ Schickele, R. ◊ Schirach, B. v. ◊ Schirmbeck, H. ◊ Schklowski, V. ◊ Schlehdorn ◊ Schlesinger, K. ◊ Schlumberger, J. ◊ Schmidli, W. ◊ Schmid-Noerr, F. A. ◊ Schmidt, A. ◊ Schmidtbonn, W. ◊ Schmückle, G. ◊ Schnabel, E. ◊ Schnack, A. ◊ Schnack, F. ◊ Schneider, P. ◊ Schneider, R. ◊ Schneider, R. ◊ Schnell, R. W. ◊ Scholochow, M. ◊ Schnurre, W. ◊ Schönherr, K. ◊ Schönwiese, E. ◊ Scholtis, A. ◊ Scholz, H. ◊ Scholz, W. v. ◊ Schramm, G. ◊ Schreyvogl, F. ◊ Schröder, R. A. ◊ Schröer, G. ◊ Schroers, R. ◊ Schüler, G. ◊ Schütz, H. ◊ Schulenburg, W. v.der ◊ Schumann, G. ◊ Schupp, J. M. ◊ Schussen, W. ◊ Schwaiger, B. ◊ Schwarz, G. ◊ Schwarz, H. ◊ Schwarzkopf, N. ◊ Schwedhelm, K. ◊ Scott, G. ◊ Seferis, G. ◊ Seghers, A. ◊ Seidel, H. W. ◊ Seidel, I. ◊ Seitz, R. ◊ Sender, R. J. ◊ Senghor, L. S. ◊ Seppänen, U. ◊ Seuren, G. ◊ Sexau, R. ◊ Shaw, G. B. ◊ Shaw, I. ◊ Sherriff, R. C. ◊ Shute, N. ◊ Sieburg, F. ◊ Sigel, K. ◊ Sillanpää, F. E. ◊ Sillitoe, A. ◊ Silone, I. ◊ Simmel, J. M. ◊ Simon, C. ◊ Simpson, W. ◊ Sinclair, U. (B.) ◊ Sitwell, Dame, E. ◊ Sitwell, E. ◊ Sitwell, Sir O. ◊ Smith, B. ◊ Snow, Sir C. P. ◊ Sohnrey, H. ◊ Solschenizyn, Λ. ◊ Sommer, H. ◊ Späth, G. ◊ Spark, M. ◊ Spender, S. ◊ Sperber, M. ◊ Sperr, M. ◊ Speyer, W. ◊ Spiel, H. ◊ Spoerl, H. ◊ Spring, H. ◊ Stahl, H. ◊ Stammler, G. ◊ Stanietz, W. ◊ Steen, M. ◊ Stegemann, H. ◊ Stegner, W. (E.) ◊ Steguweit, H. ◊ Stehr, H. ◊ Steinbeck, J. ◊ Steiner, J. ◊ Sternberger, D. ◊ Sterneder, H. ◊ Stevens, W. ◊ Stickelberger, E. ◊ Stiller, K. ◊ Stone, I. ◊ Storey, D. ◊ Storz, G. ◊ Strachey, L. ◊ Strauß, B. ◊ Strauß, E. ◊ Strauß und Torney, L. v. ◊ Streuvels, S. ◊ Strittmatter, E. ◊ Strittmatter, E. ◊ Strobl, K. H. ◊ Struck, K. ◊ Stuart, F. ◊ Stühlen, P. ◊ Sturm, S. ◊ Süskind, W. E. ◊ Sundman, P. O. ◊ Supervielle, J. ◊ Supper, A. L. ◊ Sybergerg, R. ◊ Szabó, M. ◊ Szabo, W. ◊ Talvio, M. ◊ Tanizaki, J. ◊ Tardieu, J. ◊ Taschau, H. ◊ Taube, O. Frhr. v. ◊ Thelen, A. V. ◊ Theobaldy, J. ◊ Thieß, F. ◊ Thoma, L. ◊ Thomas, D. ◊ Thorwald, J. ◊ Thurber, J. ◊ Timm, U. ◊ Timmermans, F. ◊ Tolstoi, A. N. ◊ Tomasi di Lampedusa, G. ◊ Torberg, F. ◊ Trakl, G. ◊ Tralow, J. ◊ Tramin, P. v. ◊ Traven, B. ◊ Tremel-Eggert, K. ◊

Trotha, T. v. ◊ Troyat, H. ◊ Tucholsky, K. ◊ Tügel, L. ◊ Tumler, F. ◊ Turrini, P. ◊ Tutuola, A. ◊ Twardowski, A. ◊ Ulitz, A. ◊ Ullmann, R. ◊ Undset, S. ◊ Ungaretti, G. ◊ Unruh, F. F. v. ◊ Unruh, F. v. ◊ Updike, J. ◊ Urzidil, J. ◊ Usinger, F. ◊ Vailland, R. ◊ Valentin, T. ◊ Valéry, P. (-A.) ◊ Varé, D. ◊ Vargas Llosa, M. ◊ Vasslikos, V. ◊ Vauthier, J. ◊ Vegesack, S. v. ◊ Velter, J. M. ◊ Venesis, E. ◊ Vercors ◊ Vershofen, W. ◊ Vesaas, T. ◊ Vesper, G. ◊ Vesper, W. ◊ Vian, B. ◊ Vidal, G. ◊ Viebig, C. ◊ Vittorini, E. ◊ Voigt-Diederichs, H. ◊ Vollmer, W. ◊ Volponi, P. ◊ Vormweg, H. ◊ Vring, G. v. der ◊ Waggerl, K. H. ◊ Wallmann, J. P. ◊ Wallraff, G. ◊ Walpole (Sir), H. (S.) ◊ Walschap, G. ◊ Walser, M. ◊ Walser, R. ◊ Walter, O. F. ◊ Warner, R. ◊ Warren, R. P. ◊ Waser, M. ◊ Wassermann, J. ◊ Watzinger, C. H. ◊ Watzlik, H. ◊ Waugh, E. ◊ Weber, W. ◊ Wehner, J. M. ◊ Weigel, H. ◊ Weinheber, J. ◊ Weisenborn, G. ◊ Weismantel, L. ◊ Weiß, E. ◊ Weiß, K. ◊ Weiss, P. ◊ Weißenborn, T. ◊ Wellershoff, D. ◊ Wells, H. G. ◊ Wenter, J. ◊ Werfel, F. ◊ Werner, B. E. ◊ Wescott, G. ◊ Wesker, A. ◊ Weyrauch, W. ◊ Wharton, E. ◊ Whiting, J. ◊ Wibmer-Pedit, F. ◊ Wickert, E. ◊ Widmann, I. ◊ Widmer, U. ◊ Wiechert, E. ◊ Wiener, O. ◊ Wiens, P. ◊ Wiesner, H. ◊ Wilder, T. ◊ Wilhelm, H. H. ◊ Williams, T. ◊ Williams, W. C. ◊ Wilson, A. ◊ Winckler, J. ◊ Winnig, A. ◊ Wittek, E. ◊ Witting, E. ◊ Wittlinger, K. ◊ Wittstock, E. ◊ Wogatzki, B. ◊ Wohmann, G. ◊ Wolf, C. ◊ Wolf, R. ◊ Wolfe, T. ◊ Wolff, J. ◊ Wolfgruber, G. ◊ Wolken, K. A. ◊ Wollschläger, H. ◊ Wondratschek, W. ◊ Woolf, V. ◊ Wosnessenski, A. ◊ Wouk, H. ◊ Wright, R. ◊ Wühr, P. ◊ Wünsche, K. ◊ Wurm, E. ◊ Yeats, W. B. ◊ Yerby, F. ◊ Young, F. B. ◊ Yourcenar, M. ◊ Zahn, E. ◊ Zand, H. ◊ Zeller, E. ◊ Zerkaulen, H. ◊ Zermatten, M. ◊ Zerzer, J. ◊ Ziem, J. ◊ Ziese, M. ◊ Ziesel, K. ◊ Zilahy, L. ◊ Zillich, H. ◊ Zöberlein, H., Zuckmayer, C. ◊ Zweig, A. ◊ Zweig, S. ◊ Zwerenz, G.

Der Rest ist . . . Goethe. Nachdem die vielen Schriftstellerarchive das Haus in Richtung der Frankfurter Stadt- und Universitätsbibliothek verlassen haben, arbeitet F. L. »nur noch« an einem Roman über den von ihm geliebten Klassiker

Franz-Joseph Degenhardt
zum Beispiel

Degenhardt, F r a n z - J o s e p h (3. 12. 1931 Schwelm/West-falen) war anfangs, 1963, poetisch-ironischer Liedermacher und Liedersänger ohne bestimmten politischen Standort, entschied sich aber in der Zeit der Studentenrevolten, mit Lyrik und politischen Liedern für Sozialismus und Kommunismus zu agitieren. Der Sohn einer antifaschistischen Arbeiterfamilie studierte 1952 bis 56 Rechtswissenschaft in Freiburg i. B. und Köln, wurde 1961 Assistent am Institut für Europäisches Recht in Saarbrücken und promovierte dort 1966 mit der Dissertation *Die Auslegung und Berichtigung von Urteilen des Gerichtshofs der Europäischen Gemeinschaften* (69) zum Dr. jur. Mitte 1969 verzichtete er auf eine Habilitation, um als Rechtsanwalt der Außerparlamentarischen Opposition (Apo) in Hamburg hauptsächlich kommunistische und sozialistische Genossen zu verteidigen. Obwohl Mitglied der SPD seit 1961, plädierte er 1971 auf Wahltournee für die Zusammenarbeit von SPD und KPD und wurde aus der SPD ausgeschlossen. 1972 ging er auf Wahltournee für die KPD. Seit dem Chanson-Festival auf Burg Waldeck im Hunsrück 1967 international bekannt geworden, führten ihn Vortragsreisen durch Deutschland und Teile Europas. Um überall verstanden zu werden, verbindet er „eine gewisse Simplizität der Darstellung" mit Chansonmusik, die für ihn im weitesten Sinn immer Unterhaltungsmusik ist. Als Leitsterne nennt er Villon und Marx, als Lehrmeister Wedekind, Brecht, Tucholsky, auch Ringelnatz. Von zeitgenössischen Liedermachern interessieren ihn besonders Biermann und Süverkrüp, die Amerikaner Guthrie und Dylan, der Franzose Brassens. Seine bisher vierzehn Schallplatten, die inhaltlich einen Teil politischer deutscher Biographie von der NS-Zeit bis heute aus „linker" Perspektive betreffen, haben die Million weit überschritten. Wie viele Protestautoren prangert auch D. nicht das Unrecht überall an, sondern nur im Kapitalismus, in der Demokratie, nicht im praktizierten Sozialismus bzw. Kommunismus. Zuerst bekannt wurde D. mit „Bänkel-Songs" *Rumpelstilzchen* (LP 63) und „Balladen, Chansons, Grotesken, Liedern": *Spiel nicht mit den Schmuddelkindern* (LP 65, Buchausg. 67), die noch in die anarchistisch-romantische Phase des bürgerlichen Bohemiens und „versoffenen Chronisten" fallen. Er kritisiert die Welt der Väter und konfrontiert anarchische Freiheit mit spießbürgerlicher Enge. In *Väterchen Franz* (LP 66) läßt er sich von alten Motiven und Märchen anregen, respektlos rückständiges Denken und Handeln im ganzen Land zu entlarven.
Noch sind es gesungene Geschichten wie das Titelstück *Wenn der Senator erzählt* (LP 67) über die Lüge des sogen. Aufstiegs aus ganz kleinen Verhältnissen oder das glänzende Lied „Deut-

scher Sonntag" als Gegenstück zu Biermanns „Kleinstadtsonntag".
Erst als ihm 1967 im anti-autoritären Lager des Chansonniers
Wolf Biermann und des Studentenführers Dutschke, des „roten
Rudi", „plötzlich die Schuppen von den Augen fielen", wandte er
sich dem Klassenkampf zu und verzichtete auf die „Zwischen-
töne". Neue Lieder, *Im Jahr der Schweine* (LP 69; Buchausg. 70),
leiten die Phase des nunmehr sozialistischen Konstruktivisten und
Protestlers ein, der kapitalhörige Sozialdemokraten und amerika-
hörige Großindustrielle attackiert. In der LP *Die Wallfahrt zum
Big Zeppelin* (71) distanziert er sich sogar von eigenen früheren
Erfolgsliedern durch politisierende Zusätze. Sein Ziel ist jetzt die
Weltveränderung: „Und das sei nicht nur so gesagt. / Es
kommt drauf an, daß man es macht." Nun gibt's in der Kneipe
der *Mutter Mathilde* (LP 72), wo der „Dividendenschrott" aus
der Fabrik Bier trinkt, Politik wie in den Agitprop-Liedern von
der „Ballade von den Untaten der Kommunistin Angela Davies",
der „Befragung eines Kriegsdienstverweigerers", dem „Lied über
Sacco und Vanzetti" und dem linientreuen Song der „Natascha
Speckenbach" im Glühlampenwerk bis zum Lied „Ja, dieses
Deutschland meine ich ... geträumt aus rotem Mohn, nämlich ein
Stück davon, das gibt es schon". In der LP Nr. 10 *Kommt an
den Tisch unter Pflaumenbäumen* (73) geht der politisch radikale
Ton zurück, singt D. auch wieder „schöne Lieder" wie früher,
ohne der DKP abzusagen. Nach dem Niedergang von Studen-
tenrevolte und APO-Aktivität geht er, traurig und enttäuscht,
Mit aufrechtem Gang (LP 75), „seinen dritten Weg". Seine Wut
gilt in *Wildledermantelmann* (LP 77) jenen, die „damals dabei-
gestanden" und nun langsam „nach rechts driften"; und dennoch
zählt er auch diese zu seinen Genossen. Um das Selbstbewußtsein
von Arbeitern im Kampf gegen Unterdrückung zu stärken,
schrieb er den Roman *Zündschnüre* (73; DDR 74; FS.-F.: Drehb.
Burkhard Driest, 76), der von vaterlosen Proletarierkindern
handelt, die sich 1944/45 einer antifaschistischen Widerstands-
gruppe anschließen. Im Roman *Brandstellen* (75; DDR 77, F.
78) erzählt er, was aus diesen Kindern in der BRD geworden ist.

*Petroleum und Robbenöl oder wie Mayak der Eskimo kam und mein verrückter
Vater wieder gesund wurde* (Jgdb. 76); Laudatio zum H.-Heine-Preis der DDR
für den Düsseldorfer Liedermacher *Dieter Süverkrüp* (kürbiskern 2/78). — Über
weitere Primärliteratur (mitverfaßte Bücher, Notenhefte, Schallplatten, Tonbänder,
Beiträge in Anthologien, Zeitungen) sowie Sekundärlit. vgl. *Thomas B. Schumann:*
Biblio. u. Discographie in H. L. Arnold: F. J. D. (Hg. 72).
¹¹1978.

Aus: *Franz Lennartz, Deutsche Schriftsteller
der Gegenwart, Stuttgart, Kröner, 1978*

*Die 11. Aufl. behandelte nicht nur Dichter und Schriftsteller, sondern auch Rundfunkautoren,
Unterhaltungsschriftsteller, Literaturkritiker und Liedermacher.*

Franz Lennartz

Die Dichter unserer Zeit. 275 Einzeldarstellungen
zur deutschen Dichtung der Gegenwart.

Vorwort zur ersten Auflage 1938

Dieses Buch ist keine Literaturgeschichte. Es behandelt die deutsche Dichtung der Gegenwart nicht unter dem Gesichtswinkel irgendwelcher literaturhistorischen oder geistesgeschichtlichen Problemstellungen, sondern es will dem Leser, dem Bücher- und Zeitungsleser wie dem Rundfunkhörer und Theaterbesucher, sachlich und ohne Umschweife Auskunft geben über diejenigen Dichter, deren Namen und Werke ihm heute zumeist begegnen. Dies geschieht der leichteren Auffindbarkeit wegen durch alphabetisch nach den Namen geordnete Einzeldarstellungen, die jeweils alles Wissenswerte über Leben und Werk eines Dichters enthalten.

Aufgenommen wurden in der Hauptsache die Lebenden, die bekannten und die von den jüngeren, deren Anfänge als zukunftsreich gelten; von den Toten nur die in jüngster Vergangenheit verstorbenen, deren Werk die deutsche Gegenwart unscrcr Tage noch unmittelbar berührt. Vom Lebensweg eines jeden Dichters wurden vornehmlich solche Daten und Tatsachen herausgestellt, die für die Gestaltung seiner Werke von Bedeutung waren und in diesen sich widerspiegeln. In vielen Fällen konnten sämtliche Werke genannt werden; wo dies aus Raumgründen unmöglich und für die Zeichnung des Gesamtbildes auch nicht notwendig erschien, ist die Entwicklungslinie aufgezeigt, vom Erstlingswerk über die Schaffenshöhepunkte bis zum letzten oder bisher letzten Werk. Dabei sind Stoffkreis und Gehalt der Werke angedeutet oder kurz umrissen, so daß mit der Hinführung zum Gesamtwerk zugleich Wesenszüge der dichterischen Persönlichkeit erkennbar werden. Dazu sollen auch die den Werktiteln in Klammern nachgestellten Jahreszahlen des ersten Erscheinens oder der Uraufführung (z. B. 98=1898, 02=1902) beitragen, denn für das Verständnis eines weiter zurückliegenden Werkes ist die Kenntnis seines Erscheinungsjahres oft wichtig, besonders für uns heutige das Wissen darum, ob ein Buch oder ein Drama vor oder nach dem Weltkrieg, vor oder nach 1933 herausgekommen ist. Aus ähnlichen Erwägungen wurde auch verzeichnet, wenn einem Dichter ein Literaturpreis oder eine andere öffentliche Ehrung zuteil geworden ist.

Der Verfasser ist sich bewußt, daß die Zahl 275 den Bestand des deutschen Gegenwartsschrifttums an dichterich Schaffenden nicht erschöpft. Doch in dem Bestreben, überall Ganzdarstellungen zu geben und trotzdem den Band in einem Umfang zu halten, der einem ersten Versuche angemessen ist, mußte mancher Name noch ungenannt und einstweilen vorgemerkt werden. Dasselbe gilt für den Umfang der einzelnen Darstellungen, der auch nicht immer als Werturteil aufzufassen ist, sondern vielfach praktischen Erwägungen entspricht. In einigen wenigen Fällen war bisher die Feststellung der Lebensdaten oder der Erscheinungsjahre nicht möglich; sie werden in der nächsten Auflage nachzutragen sein. Wie denn der Verfasser überhaupt jeden Hinweis und jede neue Anregung dankbar entgegennehmen wird. So möchte er auch an dieser Stelle all den Dichtern und Verlagen danken, die ihm biographische und andere Mitteilungen und Unterlagen schon bereitwillig zur Verfügung gestellt haben. Das von ihrer Seite bekundete Interesse läßt ihn hoffen, daß dieser Band auch vom Leser als das aufgenommen und gebraucht wird, was er sein soll: ein Mittler zwischen Dichter und Volk.

Nordhausen am Harz, im Sommer 1938

Franz Lennartz

Ausländische Dichter und Schriftsteller unserer Zeit. Einzeldarstellungen
zur Schönen Literatur in fremden Sprachen.

Vorwort zur vierten Auflage 1971

Schon in den ersten drei Auflagen, die in den Jahren 1955 bis 1960 erschienen, auch in unveränderten Nachdrucken, heißt es, daß dieses Buch sachlich Auskunft geben will über zeitgenössische Dichter und schöngeistige Schriftsteller fremder Sprachen, die auch in Deutschland bekannt geworden sind. Diesem Grundsatz folgt der Verfasser auch in dieser zum viertenmal veränderten Auflage.

Form ist die alphabetische Folge von Einzeldarstellungen geblieben, die vorbehaltlos über Leben und Werk von 284 lebenden und in jüngster Vergangenheit verstorbenen Autoren berichten.

Der Inhalt erfordert entsprechend den Veränderungen des Bildes der fremdsprachigen schönen Literatur im vergangenen Jahrzehnt die fast völlige Erneuerung des Bandes.

Bestimmend für die neue Auswahl waren wie bisher literarische Qualität und Bedeutung, keine sonstigen Tendenzen. So wurden die führenden Dichter der verschiedenen Sprachen bevorzugt, darunter die Neuerer und junge dichterische Talente, während die Grenze zur sogenannten Unterhaltungsliteratur mit literarischem Anspruch schärfer als in früheren Auflagen gezogen wurde. Auch große Autoren, die den zweiten Weltkrieg nicht überlebten oder bis dahin schon als Klassiker galten, mußten aus Gründen des Umfangs ausgeschieden werden. Auf ihr Schaffen und auf dessen Bedeutung für die nachfolgende Literatur wurde aber in den vorliegenden Texten immer wieder hingewiesen, insbesondere auf die Nachwirkung der literarischen Vorläufer der Gegenwart in unserem Jahrhundert, etwa der Girodoux, Hamsun, Joyce, Lorca, Majakowski, Pirandello, Proust, Shaw, Valéry, Wolfe, Yeats und anderer, für die eine selbständige Publikation vorgesehen ist.

Vom Lebensweg eines Autors wurden wieder vornehmlich Daten und Tatsachen herausgestellt, die für die Gestaltung seiner Werke von Bedeutung waren oder sich in diesen widerspiegeln. Ferner wurden die Linien der Entwicklung vom ersten bis zum letzten Werk aufgezeigt, wurden die Situation des Autors in seinem Sprach- und Lebenskreis, die jeweilige Poetik, Stoffkreise und Gehalt der Werke angedeutet oder umrissen und in manchen Fällen durch positive oder negative Stimmen der Kritik erläutert, so daß mit der Hinführung zum Gesamtwerk zuleich Wesenszüge der dichterischen Persönlichkeit erkennbar werden. Auch wurden Literaturpreise und andere öffentliche Ehrungen verzeichnet. Die Zahlen, die den Werktiteln in Klammern nachgestellt sind, bedeuten das Jahr des ersten Erscheinens oder der Uraufführung (z. B. 98=1898; 71=1971). Zitate, deren Ursprung nicht angeführt ist, stammen grundsätzlich von dem behandelten Autor und meistens aus dem Werk, das im gleichen Satzzusammenhang genannt ist.

Der Umfang eines Textes kann nicht grundsätzlich als Werturteil gelten, weil bibliographische Vollständigkeit in allen literarischen Formen vom Buch bis zum Werk für Bühne, Fernsehen, Funk, Film und Schallplatte sowie der wichtigen Literatur über die Autoren angestrebt wurde, ein Anspruch, der sich nur mit Hilfe der Zweiteilung in Haupttexte und bibliographisch ergänzende Kleindrucke erfüllen ließ. Auch erforderte das Einbeziehen literarischer Strömungen, Gruppen, Formen und Wechselbeziehungen neue Informationen, die mitunter über den Rahmen für einen behandelten Autor hinausführen.

So ist der Text wie jener über André Breton ein Beispiel dafür, wie eine geistige Bewegung, hier die historisch abgeschlossene sur-realistische, alle Bereiche der Künste erfaßte und in ihnen weiterwirkt, von der Literatur und der bildenden Kunst bis zur Musik und zum Film – ein Thema, daß auch in vielen anderen Texten anklingt.

Als Beispiele für einen weit größeren Kreis von Autoren sind übrigens alle Darstellungen anzusehen; denn die Zahl 284 kann nicht ein-mal annähernd die dichterisch schaffenden Persönlichkeiten umfassen, von denen heute das Bild der zeitgenössischen Weltliteratur mibestimmt wird. Ergebnis kann also nur ein informierender Querschnitt durch die fremd-sprachigen Literaturen der Gegenwart in führenden Repräsentanten sein, der Wesen und Stand der Literatur, ihren Gehalt, ihre entscheidenden Theorien, Formen und Expe-rimente erkennbar werden läßt. Versucht wurde, jedem Autor aus seinem Wesen her-aus gerecht zu werden, ohne einer literarhi-storischen Wertung vorzugreifen.

So wird dieses Buch nicht die Wünsche aller erfüllen können und entsprechend seinem Gegenstand immer ein werdendes sein. Der Verfasser wird es dennoch weiterhin dem neuesten Stand gemäß ergänzen und erwei-tern, weil es als nützlicher Mittler zwischen Autor und Publikum viele Freunde und zustimmende Kritik gefunden hat.

Der Dank des Verfassers gilt wiederum dem Verlag, . . . , sowie Verlegern und Autoren, die das Werk durch Hergabe von Neuerschei-nungen, biographischen und anderen Unter-lagen gefördert haben, gilt ferner Bibliothe-ken in- und ausländischer Kulturinstitute . . . – und nicht zuletzt der Mitarbeit seiner Frau.
Beuren, Kreis Überlingen, im Herbst 1971.

Franz Lennartz
Deutsche Schriftsteller des 20. Jh.s im Spiegel der Kritik
Vier Bände. 1984. 2141 S., kart. i. Kassette DM 68,–
I: Achleitner – Gurk; II: Habe – Novak; III: Oberkofler – Zwe-renz; IV: Werkregister mit Dokumentation (ISBN 3-520-82101-X)
Jeder Germanistikstudent oder Freund der zeitgenössischen Litera-tur hat irgendwann einmal den »Lennartz« in der Hand gehabt. Ja man kann sagen: der Literaturführer von Franz Lennartz ist so etwas wie eine Institution.
Das vorliegende Lexikon zur Rezeptionsgeschichte der deutschen Literatur enthält 845 Kurzessays zu allen deutschen Schriftstellern des 20. Jh.s, die von 1938–1978 im Feuilleton, in der Literaturkritik genannt wurden, und ein Register der in diesem Zeitraum erschiene-nen Werke.

Aus der Werbung des Alfred Kröner Verlags Stuttgart

Aus den Urteilen über die Literaturführer

Hier wird von einem wirklichen Stilisten den beiden fast unvereinbar scheinenden Forderungen der Kürze und der Vollständigkeit in fast idealischer Weise genügt.

Heimito von Doderer, 1953

Ein zuverlässiger Führer durch die zeitgenössische Literatur. Ausgezeichnetes Hilfsmittel zur Orientierung über Leben, Werdegang und Schaffen der deutschsprachigen Schriftsteller unserer Zeit. Alphabetisch geordnete Einzeldarstellungen, die sowohl die biographischen Daten als auch einen kurzen Umriß über Stoffkreis und Gehalt der Werke geben.

Der Tagesspiegel, Berlin, 1955

Am bestechendsten aber ist immer die Sachlichkeit der Einzeldarstellung, von der man sich am besten überzeugt, indem man überprüft, was etwa über extreme und umstrittene Erscheinungen unserer Literatur, beispielsweise über Brecht und Kolbenheyer, gesagt wird. Dies ist genau der Stil, den man von einem Handbuch erwartet, das nicht individuell werten, sondern gut unterrichten soll.

Weser-Kurier, Bremen, 1955

Wie gut sich diese Fülle von Angaben trotzdem noch liest ! Das ist kein fades Kompliment, sondern die Anerkennung eines Gelehrten!

Ernst Heimeran, 1954

Das Buch ist flüssig und gemeinverständlich geschrieben. Der Volksschullehrer wird ein solch zuverlässiges Nachschlagewerk begrüßen, zumal die neuzeitlichen Lesebücher die Dichter unserer Zeit in immer größerem Maße berücksichtigen.

Unterrichtsgestaltung, Bochum, 1953

. . . diese Taschenausgabe ist ein ausgezeichnetes Buch, in dem ich mir selber oft Rat hole!

Helene Voigt-Diederichs, 1953

Ausgezeichnete Analysen, das Für und Wider ohne Hintergedanken dargeboten. Ein Buch, das jedem, der sich mit Literatur beschäftigt, nach dem ersten Nachschlagen völlig unentbehrlich wird.

Die Aula, Graz, 1955

Ich war namentlich über die bibliographische Genauigkeit und Gründlichkeit überrascht. Nicht weniger erfreulich war es, so gediegene und, was ebenso wichtig ist, richtige Darstellungen der einzelnen Autoren zu finden; ich habe eine ganze Anzahl nachgelesen, Autoren, die von mir oder Freunden übersetzt sind, und könnte nicht einverstandener sein.

Ernst E. Stein, BBC, London, 1955

Es gibt unseres Wissens derzeit keinen anderen Literaturführer für dieses Gebiet, der auch nur annähernd ebenbürtig hinsichtlich seiner Ausführlichkeit und konzentrierten Sachlichkeit wäre. Niemand, der mit moderner ausländischer Literatur umgeht, sei es als Leser, sei es als Rezensent, Redakteur, Buchhändler, Lehrer oder Student, wird auf dieses ausgezeichnete Sachbuch verzichten können.

Weltstimmen, Stuttgart, 3/1957

Eine reichhaltige Fundgrube für den Literaturfreund.

Cosmo Press, Genf, 1956

... das wir uns schon bald aus dem Grundbestand auch kleinerer Literaturabteilungen in unseren Büchereien nicht mehr wegdenken können. In diesen zum Teil ganz ausgezeichnet gelungenen Kurzbiographien der wichtigsten ausländischen Autoren unserer Zeit fehlt kaum ein Name von Bedeutung.

Bücherei und Bildung, 1956

Die beiden Bände von Lennartz sind für jeden Freund der modernen Literatur, des Theaters und Filmes unentbehrlich.

Schweizer Monatshefte, Zürich, 1956

Der Band wird auf lange hinaus wieder beste Dinge tun. Alle angebotene Orientierung ist so konkret wie möglich gefaßt, sie hält sich an Nachprüfbares und entspricht damit sowohl dem Lexikonbegriff als auch einem anständigen Wissenschaftsbegriff. Bücher solcher Art erweisen sich als Wohltat gegen das öde literarische Geschwätz ...

Prof. Dr. Dominik Jost, Sankt Galler Tagblatt 23. 1. 1979

Insgesamt wird über mehr als vierhundert deutschsprachige Belletristen aus der Bundesrepublik, der DDR, Österreich, der Schweiz und anderen Ländern informiert. Berücksichtigt wurden auch die Exponenten der Literaturkritik, der Dokumentar- und der Unterhaltungsliteratur – auf den neusten Stand gebracht ein gegenüber den vergangenen Auflagen in wesentlichen Teilen neu konzipiertes Buch.

Wochenspiegel 1. 3. 1979

Im Hinweis auf einen vergessenen Dichter schreibt die Süddeutsche Zeitung (Nr 64/1979): »Sein Name steht nicht im Soergel, nicht im Lennartz und nicht im Großen Brockhaus.«

Autorenauswahl und Zeitgeist

1952 erschienen *Die Dichter unserer Zeit* in der ersten Nachkriegsauflage. Dazu veröffentlichte die *Neue Zeitung* am 1./2. November eine Rezension, deren einzelne Abschnitte mit dem Namen »Herbert Hupka«, »Willi Fehse« und dem Kürzel »H.E.F.« gezeichnet waren. Es handelte sich um eine Polemik gegen den »wendig-windigen Autor« Lennartz, der »ein gutgläubiges Publikum mit falschen Wertungen und konjunkturbedingten Titulaturen in die Irre geführt« hat. Gegen den Vorwurf einer »Literaturbewertung à la mode« verfaßte Franz Lennartz eine Entgegnung insbesondere im Hinblick auf Willi Fehse, die allerdings nie in der Neuen Zeitung abgedruckt wurde. Die Texte werden hier wiedergegeben, nicht in der Absicht, einem der Kontrahenten nachträglich zuzustimmen, sondern weil beider Aussagen die Lennartz'sche Arbeit und das »Literarische Leben« im und kurz nach dem Nationalsozialismus erhellen. Die Bemerkungen von Franz Lennartz zur Wandlungsfähigkeit seines Kontrahenten lassen sich durch das im Frankfurter Lennartz-Archiv vorhandene Brief- und Fotomaterial stützen. Ein gänzlich anderer Einwand gegen die fünfte Auflage erreichte den Autor von einem Briefschreiber aus Ulm: Dieser beklagte »bei dem im übrigen guten Buch« das Fehlen der »sudetendeutschen und südostdeutschen« Autoren.

Literaturbewertung à la mode

(Neue Zeitung/Literaturblatt, 1./2. Nov. 1952, S. 19)

»Die Dichter unserer Zeit«, so hieß ein Buch der Sammlung Alfred Kröner, das zum ersten Male 1938 mit 275 Porträts erschien. »281 Einzeldarstellungen zur deutschen Dichtung der Gegenwart« waren es in der 4. Auflage, die der Verlag 1941 herausbrachte. In der Einleitung wurde damals bemerkt, daß »besonders für uns Heutige das Wissen darum wichtig ist, ob ein Buch oder ein Drama vor oder nach dem Weltkrieg, vor oder nach 1933 herausgekommen ist«, und es wurde bereits angekündigt, daß »nach dem siegreichen Ende dieses Krieges nachgeholt werden soll«, mitzuteilen, wer »die Feder mit der Waffe vertauscht habe«. Da der Krieg nicht siegreich endete, brauchte Franz Lennartz in der 5. Auflage seines Buches, die soeben erschienen ist, nichts dergleichen nachzuholen, woraus sich, zusammen mit den Konjunkturveränderungen wohl auch erklärt, daß die Zahl der »Dichter« nun auf 250 zusammengeschrumpft ist. Zunächst holte er erst einmal all die Namen nach, die seinerzeit totgeschwiegen wurden, es seien nur Brecht, Döblin, Kästner, Heinrich und Thomas Mann, Erich Maria Remarque, Polgar, Tucholsky, Werfel, Zuckmayer, Arnold und Stefan Zweig genannt. Allerdings wird in dem neuen Vorwort, das das alte Vorwort nahezu völlig abschreibt, mit keinem Wort das Bedauern ausgedrückt, daß in den vorangegangenen Auflagen während des Dritten Reiches die nun nachgeholten Namen nicht erwähnt werden konnten. Aber eine derartige Bemerkung war wohl schon deswegen nicht möglich, weil in den früheren Auflagen auch Namen ausgelassen wurden, deren Verschweigen durchaus nicht kommandiert, höchstens, wie der Verfasser wohl glaubte, von den »zuständigen Stellen« nicht ungern gesehen wurde. »Nur nicht auffallen!« hieß die Parole, und darum war kein Platz für Benn, Fallada, Goes, Kommerell, Lange, Lehmann, Lernet-Holenia, Loerke, Reinhold Schneider, Thiess. Auch diese Namen werden jetzt nachgeholt. Lediglich um Hermann Hesse zu erwähnen, brachte man in der alten Auflage Mut genug auf, sicherte sich aber dann gleich wieder durch einen kleinen Seitenhieb, indem man schrieb: »Aus dem durchlebten Irrtum seiner Zeit fand er (Hermann Hesse) kein Verhältnis zur harten Wirklichkeit volkhaften deutschen Werdens, blieb aber auch trotz aller Versuche emigrierter Literaten, ihn gegen das neue Deutschland auszuspielen, sich selbst und seinem Werk treu.« In der jetzt veröffentlichten Auflage ist Lennartz mit Hermann Hesse selbstverständlich milder verfahren und hat auf jede Rückendeckung verzichten können. Andererseits drücken die vielen Namen, von Anacker bis Zoeberlein, die heute nicht mehr zu finden sind, das Allzuzeitgemäße dieser »Einzeldarstellungen zur deutschen Dichtung der Gegenwart« aus. Noch deutlicher wird das, vergleicht man die einzelnen Abhandlungen, in denen die sowohl gestern als auch heute genannten Schriftsteller gewürdigt werden. Bei Billinger wird heute erwähnt, daß ihn Hofmannsthal und Mell förderten, früher tat dies Max Mell allein. Hofmannsthal fehlte in der alten Auflage ganz, heute ist er zwar nachgetragen, aber es ist nicht versäumt worden zu erwähnen, daß »sein Urgroßvater der Repräsentant der israelitischen Gemeinde Wiens war«. Bei anderen Schriftstellern wird diese Ahnenforschung bis zum Urgroßvater hin schon aus Raumersparnis unterlassen. Ob die Mutter oder der Vater eines Dichters katholisch oder evangelisch war, ist mit einer Ausnahme durchaus nicht buchenswert, und diese Ausnahme besagt, daß die Mutter von Joseph Roth Jüdin war. Doch kehren wir zu Billinger zurück. Heute wird nicht mehr darauf hingewiesen, daß er 1941 den Gaupreis von Oberdonau erhielt, so wie 1941 unerwähnt blieb, daß er 1932 den Kleistpreis bekam, das aber wird nun in der neuen Auflage nachgetragen. Heißt es von Emil Strauß in der alten Auflage, daß ihn »erst das neue Deutschland gebührend gewürdigt« hat, und findet sich keine Auszeichnung, die vor 1936 liegt, so wird jetzt gesagt, daß schon Josef Hofmiller den Dichter gepriesen habe, und daß ihm »viele Ehrungen zuteil wurden: 1925, 1926...«, »Mitglied der Preußischen Akademie der Künste«, so ist heute zu lesen, 1941 konnte man noch finden: »Mitglied der Deutschen Akademie der Dichtung« (er war 1931 mit Kolbenheyer ausgetreten).

Das Militärische war gestern Trumpf. Carossa wurde gestern noch als Infanteriebataillonsarzt vorgestellt, heute genügt der Infanteriearzt, Ernst Jünger wurde gestern bescheinigt, daß er »vierzehnmal schwer verwundet« wurde, heute sind daraus »zahlreiche schwere Verwundungen« geworden, Britting, der gestern noch freiwillig in den ersten Weltkrieg gezogen war, hat sich in der neuen Ausgabe die Streichung des Wörtchens »freiwillig« gefallen lassen müssen, so wie auch Eugen Roth die Streichung seines militärischen Dienstgrades. Dwinger wird heute natürlich ohne den Zusatz »der Künder einer ausgesprochen soldatischen Weltanschauung« vorgestellt. Besonders deutlich wird die Entmilitarisierung der neuen Fassung bei den Abhandlungen über Heinrich Lersch und Manfred Hausmann. Beiden Auflagen ist zunächst gemeinsam, daß von Lersch die Verszeile »Deutschland muß leben und wenn wir sterben müssen« zitiert wird, nur findet sich heute gleich anschließend die gestern noch inopportune Bemerkung: »Später verdammte er den Krieg (›mit Ketten schmiedeten sie uns ans

Schwert‹).« Über die »Jahre des Lebens« von Hausmann wurde früher ausgeführt, daß es sich hier um eine volksliedhaft stille Lyrik handle, »selbst wo sie vom Krieg singt«. Das Lob, das heute der Lyrik Hausmanns gezollt wird, ist nicht minder groß, nur steht im Nachsatz nichts mehr vom Gesang des Krieges, sondern der eben zitierte Nachsatz heißt nun umgewandelt: »Auch wenn Kriegslärm widerhallt.« Von Hermann Löns (warum sein Name sich in der neuen Auflage ebenso wiederfindet wie er bereits zum Bestand der alten gehörte, ist nicht zu ergründen, zumal das Buch doch Dichterprofile der Gegenwart geben will) ist früher aus dem Roman »Der Werwolf« zitiert worden: »Besser fremdes Blut am Messer als fremdes Messer im eigenen Blut.« Das jetzt für opportun gehaltene Zitat lautet: »Helf dir selbst, so helfet dir unser Herre Gott!«

Noch manches Zitat zum Beweise eines solchen Opportunismus (Paul Fechter und Josef Nadler verstehen sich auch auf diese Schreibweise) ließe sich anführen. Die angeführten Beispiele mögen genügen. Wie wird die 6. Auflage des Buches von Franz Lennartz »Die Dichter unserer Zeit« ausschauen? Die Antwort dürfte lauten: so wie es die Mode vorschreibt. Gestern trug man zackig und national, heute trägt man liberal und international, morgen – nicht anders als gestern und heute – Literatur à la mode. *(Herbert Hupka)*

Unter die »Dichter« der Nazizeit, deren Namen heute mit Recht verschollen sind, hat Lennartz in exorzistischem Eifer auch Paul Alverdes, Gertrud de le Fort, Hans Brandenburg und Kurt Heynicke eingereiht, das führt zu weit. Als »bekannte und zukunftsreiche Lebende« führt er außer den Emigranten nun zum Beispiel: Kasimir Edschmid, Karl Friedrich Borée, Edzard Schaper oder Günter Eich auf, die jedoch auch in jenen Jahren bereits wesentliche Arbeiten veröffentlicht hatten. Wie die Neuausgabe weiterhin ausweist, mißt ihr Herausgeber neuerdings Rilke »Weltgeltung« zu; 1938 war er ihm aber noch keine Zeile wert, was bereits allein genug über den Geist des ganzen Unternehmens besagt.

Aber abgesehen davon, daß die inneren Proportionen des Buches schief sind, erscheint uns seine geistige Grundlage schon höchst anfechtbar. Wann hätte ein Volk einer »Zeit« 275, 250 oder gar 400 »Dichter« aufzuweisen gehabt? Kann ein Zeitgenosse überhaupt darüber urteilen, wer es ist oder wer nicht? Lennartz hält Ernst Zahn oder Reinhold Conrad Muschler dafür, andere mögen in ihnen Unterhaltungsschriftsteller sehen: Kurzum: ein Verlagsauftrag ist noch längst keine Legitimation für eine Aufgabe, wie Lennartz sie hier zu lösen glaubt. Er hätte sein Buch darum besser als »Schriftsteller-« oder »Autorenauswahl« ankündigen sollen! Zwar wären ihm dabei solide Nachschlagewerke wie »Kürschners Literaturkalender« oder »Wer ist wer?« an Vollständigkeit überlegen gewesen, denn sie sagen beispielsweise auch etwas über Axel Eggebrecht, Bruno E. Werner, Friedrich Dürrenmatt, W.E. Süskind, Willi Schäferdiek und andere mehr oder minder erfolgreich Schaffende aus, die er nicht würdigt. Aber man hätte dann die Einzeldarstellungen, die Lennartz gibt und die sich im Gegensatz zu jenen Nachschlagewerken nicht nur auf Zahlenangaben beschränken, sondern das Niveau kleiner literarischer Porträts anstreben, zumindest ohne den fatalen Beigeschmack lesen können, der von den Wörtern »Die« und »Dichter« im Titel seines Werks einmal ausgeht. *(Willi Fehse)*

Neben die zwei Hauptargumente gegen die Arbeit von Lennartz: Konjunkturmache und falscher Ausgangspunkt, tritt ein drittes Argument, das freilich weniger den wendig-windigen Autor als den Verleger angeht: Der Verlag Alfred Kröner hat einen großen Namen, eine große Tradition, ein berechtigtes Ansehen und viele Bewunderer, er hat hervorragende Mitarbeiter, berühmte Buchtitel und köstliche Werke im Verzeichnis seiner Taschenausgaben. Ein solcher Verlag mit solch moralischer Verpflichtung und Verantwortung dürfte eine so peinliche Arbeit wie die von Lennartz nicht bei sich veröffentlichen. Denn abgesehen von der ernsthaften Schädigung des Ansehens deutscher literarischer Ehrlichkeit gegenüber dem Ausland, wird hier auch ein gutgläubiges Publikum mit falschen Wertungen und konjunkturbedingten Titulaturen in die Irre geführt. Oder meint man etwa im Alfred Kröner Verlag, es werde ein solches Machwerk wegen eines Herrn Lennartz gekauft? Es wird im Vertrauen auf den Namen Kröner gekauft. Welche Schlußfolgerungen sich daraus ergeben, liegt auf der Hand. *(H.E.F.)*

Literaturbewertung à la mode?

(Entgegnung von Franz Lennartz, unveröffentlicht)

In der *Neuen Zeitung* (1. u. 2. 11. 1952) erschien unter obigem Titel eine Kritik zur 5. Auflage meines Buches *Die Dichter unserer Zeit* (250 Einzeldarstellungen zur deutschen Dichtung d. Gegenwart, Kröners Taschenausgabe), die falsche Angaben und unehrenhafte Unterstellungen enthält. Ein Teil ist von Willi Fehse verfaßt, der wegen seiner politischen Entwicklung und der Bemühungen seit 1945, in meinem Buch genannt zu werden, m.E. das Recht verwirkt hat, es öffentlich als ein Konjunkturprodukt hinzustellen.

Obwohl meine 5. Aufl. »völlig erneuert« ist, befaßt sich die Kritik vornehmlich mit den vier Auflagen der NS-Zeit (1938-41), deren erster Satz: »Dieses Buch ist keine Literaturgeschichte« schon den bewußten Verzicht auf »Literaturbewertung« aussprach. Wenn ich seinerzeit unter dem ersten Eindruck des Nationalsozialismus, jung und irregeleitet wie Millionen andere, dennoch einige lobende Urteile aussprach, anstatt vorwortgemäß nur zu berichten wie in der 5. Aufl., so habe ich das schon damals bedauert und durch die keineswegs linientreue Entwicklung meines Buches in der NS-Zeit auszugleichen versucht. Schon die erste Aufl. nannte zahlreiche Dichter, die dem NS-System nicht genehm waren, darunter z. B. zwei »jüdisch versippte Autoren«, deren sofortige Entfernung im Sinne der NS-Richtlinien 1938 von einem damals (wie heute) im Buchwesen führenden Manne verlangt wurde. Ich habe diese Autoren in keiner Auflage gestrichen. Die 5. Aufl. enthält vielleicht 30 oder 40 Juden. Auf die Abstammung ist nur bei Joseph Roth und Hofmannsthal hingewiesen, weil beide sich mit Stolz in ihren Lebensdarstellungen darauf beriefen. Die Anspielung, dem NS-Rassenvorurteil gedient zu haben, weise ich somit entschieden zurück.

Bis zur 4. Aufl. 1941 wuchs mein Buch von 175 auf 300 Darstellungen an. O.a. Kritik spricht der 4. Aufl. nur 281 Namen zu (= 3. Aufl.). Gerade die neuaufgenommenen

Dichter aber waren keineswegs NS-Autoren (Bäumer, Beheim-Schwarzbach, Klepper, J. Maaß, Penzoldt usf.). Den Vorwurf, nur den »zuständigen Stellen« genehme Autoren genannt zu haben, weise ich aber auch deshalb zurück, weil ich die Anweisung der NS-Reichsschrifttumskammer, doch etwa 100 NS-Parteiautoren von Adolf Bartels bis zu Schlösser und Stoffregen zu nennen, unbeachtet ließ und darum bis 1945 das Verbot meines Buches befürchten mußte.

Fehse sagt, daß das Fehlen Rilkes 1938 »allein genug über den Geist des ganzen Unternehmens besagt«. Warum übersieht er, daß bis 1941 der Kern des »ganzen Unternehmens« acht Seiten Rilke waren, darin eingeschmuggelt ein jedem Kenner unübersehbares Thomas-Mann-Zitat, aufgenommen, als es noch Blitzkriege gab? Warum behauptet Fehse, daß ich die führende katholische Dichterin Gertrud von Le Fort 1952 in »exorzistischem Eifer« ausgelassen hätte, obwohl sie in allen Auflagen und in der 5. auf vier Seiten beschrieben ist? (Er nennt sie, vorbeugend, de le Fort!). Den NS-Stellen waren gerade meine zahlreichen Berichte über die christlichen Dichter in allen Auflagen unangenehm. Die Zahl 300 ist aber in der 5. Aufl. nicht wegen der »Konjunkturveränderungen zusammengeschrumpft«, sondern wegen der inhaltsreicheren Aussagen über die behandelten Autoren, obwohl der Umfang des Buches sich etwa verdoppelt hat. Die Auswahl ist jedoch niemals nach literarhistorischen Gesichtspunkten getroffen worden, sondern nach statistischen Grundsätzen, für deren Ergebnis man mich, einen bewußt Nur-Chronisten, weder damals noch heute politisch verantwortlich machen sollte.

Vor allem Herr Fehse hätte besser geschwiegen. Aus dem Kreise um Klaus Mann und Stefan Zweig hervorgegangen, veröffentlichte er schon 1935 Aufsätze und Lebensbilder über »Dichter des neuen Deutschlands«. Mir unbekannt, bat er mich am 8.12. 1940 schriftlich um Aufnahme in mein Buch und beantwortete meine ausweichende Antwort mit der bedrohlichen Übersendung eines Prospektes, auf dem er ganzseitig als Mitglied der NSDAP mit Mitgliedsabzeichen abgebildet ist. Ende 1941 hieß es von seinen Kriegsgeschichten im Börsenblatt, daß sie »durch den Rundfunk oder die Veröffentlichung im Völkischen Beobachter und in anderen führenden Zeitungen bekannt geworden« waren. 1946 schrieb er als Mitarbeiter der kommunistischen Ostpresse (*Aufbau*, Hft. 9, Sonntag) gegen »die braunen Barden, die sich mit ihrem angeklebten Propagandaruhm von Goebbels Gnaden einige Jahre als deutsche Dichter fühlen durften« und pries die Sowjetunion, deren »großzügiger Dienst an der deutschen Dichtung von berufener Seite bald einmal dargestellt werden sollte«. 1947 ließ er sich in die Schrift *Verboten und verbrannt, Deutsche Literatur 12 Jahre unterdrückt* aufnehmen und kündigte eine kommunistische Anthologie an. 1952 pries er sich mir als Mitarbeiter der führenden Westpresse an und schrieb, ohne meine 5. Aufl. in der Hand gehabt zu haben (falscher Vorname, falscher Buchtitel): »Ich bekomme in diesen Tagen Ihr Buch *Die Dichter unserer Zeit* in die Hand. . .interessieren würde mich doch, warum ich mit meinen Büchern darin nicht genannt bin«. In unserer beiderseitigen Annahme, meine Unterlagen seien im Krieg verloren gegangen, schrieb er schon im nächsten Brief, er hätte nur gefragt, weil ich ihn im Kriege um Unterlagen zur Aufnahme gebeten hätte. Die mir vorliegenden Briefe (sie haben sich gefunden!) sagen das Gegenteil. Daß mich in den gleichen Tagen aus Fehses Wohnort Göttingen ein mit Kinderhand nachgezeichneter Brief angeblich eines Angestellten erreichte, der mich um Auskunft über meine Daten und mein Leben befragte, mag das Bild abrunden.

Aus meiner Antwort darauf war für Fehses Stichwort »Konjunktur« und »keine Legitimation« nichts zu entnehmen. Ich war zwar jahrelang »nur« Steinbrucharbeiter, aber ausschließlich in sowjetischer Gefangenschaft, habe sonst an vier Universitäten u.a. Literaturgeschichte studiert und von meinen 42 Jahren 25 der Literatur gelebt. Genügt das nicht für ein »nichtbewertendes« Dichterlexikon? Obwohl mehrfach zur NS-Mitarbeit aufgefordert, habe ich keine Zeile in der Presse von 1933 bis 1945 veröffentlicht (abgesehen von wenigen Aufsätzen in einer unpolitischen Schülerzeitschrift, für einen Freund geschrieben). Kein Redakteur bei Presse oder Funk 1933/45 hat jemals von mir eine einzige Zeile gesehen. Politisch unabhängig, stand mein Name nicht einmal in den Listen der NS-Reichsschrifttumskammer, was die »Wendigkeit« des primitivsten NS-Konjunkturritters erfordert hätte, steht nicht einmal im »Kürschner«. Mein Buch entstand ohne jeden Auftrag rein aus dem persönlichen Interesse an der schöpferischen Persönlichkeit und bewußt nur als literarhistorisch unbeschwerte Tatsachensammlung für den Literaturfreund, übrigens unter großen materiellen Opfern.

Wer mich aber 1952 dafür schmähen will, daß mein titelmäßig einziges Buch zuerst in der NS-Zeit erschien, die für mich Schicksal war wie für Millionen, sollte sich doch mit meiner unerhörten Buße für meine »Kollektivschuld« zufrieden geben. Ich war fünf Jahre Soldat und fünf Jahre (bis 1950) in sowjetischer Kriegsgefangenschaft und erleide seitdem das Schicksal des heimatvertriebenen Spätheimkehrers in Westberlin. Wer annahm, ich könnte nach diesem Sturz aus dem tausendjährigen Reich auch nur ein einziges Mal eine der vier Auflagen meines Buches aus der NS-Zeit aufschlagen (Ausnahme: Vorwort, Sätze des Rilkeartikels), der hat die Zeiten »windig-wendiger« überstanden als ich.

Ein völlig neuer Mensch, habe ich versucht, in einer geradezu radikalen Objektivität statistisch eine zwangsläufig immer noch subjektiv gefärbte Dichterauswahl zu treffen, in der Dwinger und Thomas Mann, Salomon und Brecht, Döblin und Benn nebeneinander beschrieben sind, ohne daß man auch nur von einem Autor sagen könnte, wie ich persönlich ihn »bewerte«, ob ich für oder gegen ihn bin.

Gerade weil die *Neue Zeitung* diese Auswahl wesentlich mitbestimmt hat und vom »Ansehen deutscher literarischer Ehrlichkeit« spricht, hoffe ich, daß sie meine Entgegnung veröffentlichen wird.
(1952)

Anmerkung: In sein Privatexemplar der »Dichter unserer Zeit« aus dem Jahre 1941 notiert Lennartz nach dem 2. Weltkrieg: »Das Vorwort und der Text über Schirach stammen von der Redaktion, Zugeständnisse des Verlags an die parteiamtliche Prüfungskommission, um die Druckerlaubnis und Papier zu bekommen.«

Ein roh, gewaltsam Handwerk

Über Kriegführen und Lexikonschreiben / Von Max Rychner

Mit seinen lexikalisch reichen Angaben über heutige Schriftsteller ist dieser Band im Laufe der Jahre ungemein brauchbar geworden: *Franz Lennartz: »Dichter und Schriftsteller unserer Zeit«; Alfred Kröner Verlag, Stuttgart; 835 S., 17,50 DM.*
Das soll um so anerkennender hervorgehoben werden – die achte Auflage liegt vor –, als die ersten Auflagen von 1938 an zu viele Konzessionen an jene Jahre machen mußten und besser unterblieben wären. Damals waren sämtliche Juden aus dem Nachschlagewerk verbannt, aber ebenso Thomas und Heinrich Mann, Gottfried Benn, Bert Brecht u. a. Keine günstige Zeit für Lexika, die eine oben genehme Literatur mehr oder weniger erfinden mußten. An Stelle der Hinausgeworfenen prangten dann jene Scharen des literarischen Mittelstandes, die nach 1933 zu hoch hinaus geschwemmt wurden und ihre überdimensionierten oder überlauten Triumphe feierten.
Aber in den neuen Ausgaben wurden nun wiederum diese Leute – immerhin deutsche Dichter hatte man sie genannt – hinausgeworfen; der Chronist jedoch behauptet mit einem Angesicht von eherner Ruhe: »Unverändert ist auch das Auswahlprinzip geblieben« – welch fester Pol in der Erscheinungen Flucht! –, »wonach hauptsächlich die lebenden Autoren. . .« usw. Also damals die Lebenden und heute halt wiederum die Lebenden: von diesem durch die Jahrhunderte unangefochten und spielend leicht zu bewahrenden Grundsatz läßt sich der Verfasser kein Jota abmarkten. Aber früher hatte er Rilke lang *nach* dessen Tod aufgenommen; ihn gegen die Nazis durch ein paar ihrer Phrasen – »großer Dichter des Deutschtums«, »mannhaftes Bestehen aus erkämpfter Ethik« u.a. – abschirmend, hatte er ihn mit Wärme und Rangkenntnis auf über sechs Seiten behandelt. So sehr war aber Rilke keineswegs ein »Dichter des Deutschtums«, daß er es in dem 1940 um ihn versammelten Umzug von Dichtern eines bedrückend eng verstandenen Deutschtums länger als zehn Minuten ausgehalten hätte, bei den Anacker, Schirach, Möller, Steguweit, Schmückle usw.; nicht zu vergessen jenen dichtenden G. Stammler, der »Erneuerung völkischen Bewußtseins« angestrebt hat und »fordernde Gedanken über Führertum und Gefolgschaft« aussprach, also genau jene Dinge, die in der Stickluft von 1933 lagen und dann Deutschland ruiniert haben. Es waren jene hitzigen Schwachköpfe, die leer, doch unternehmungslustig »in unerschütterlichem Glauben an das ewige Deutschland« verharrten, wie zu lesen war, das heißt, die zu hegende Wirklichkeit ihrer Heimat an eine Chimäre verrieten. – Aber wie gesagt, diese Dichter und viele andere wurden nach dem Krieg ausgebootet. Wie der Krieg ist das Lexikonschreiben »ein roh, gewaltsam Handwerk«, namentlich wo so unverrückbare Prinzipien wie in diesem Falle zugrunde gelegt werden. »Unser sind die Stunden, und der Lebende hat recht.«
Man wendet sich der neuesten Ausgabe mit den nunmehr als lebend bezeichneten Autoren zu. Mehr deutsche Dichter als je stehen darin, 344. »Bei der Auswahl«, so heißt es da, ». . . war ebensowenig eine politische, weltanschauliche oder andere (?) Tendenz mitbestimmend wie auch beim Niederschreiben der Texte. . .«. Das nenne ich vorurteilsfrei! Aber besteht nicht die Gefahr, daß auch jene völkischen Berserker, die anfänglich über andere, zwischendurch aber auch gern gegenseitig übereinander her-

fielen, wieder Einlaß gefunden haben? Wenn schon weltanschauliche, allein nicht nur sie, sondern namentlich auch »andere« Tendenzen keine Rolle spielen, so kann man auf allerlei gefaßt sein. Auch eine politische Tendenz, heißt es noch eigens für jene, in denen Politik und Weltanschauung – von »anderen« Tendenzen, die in ihrem Busen auch noch Platz haben, abgesehen – störungsfrei einander zuwiderlaufen können, auch sie war bei der Auswahl der Dichter nicht mitbestimmend.

Man blättert also träumerisch in dem dicken Bande, findet manch teures Haupt und beginnt, ohne böse Absicht, nach anderen Ausschau zu halten. Ich suche nach einem Recken, der sich früher unter »Klabautern und Rullerpuckern«, später leider in der Region der braunen Bataillone bewegt hat: Blunck, Verfasser zahlloser Bände. Er fehlt. Dabei lebt er und schreibt. Was ist da der lexikalischen Tendenzlosigkeit zugestoßen? (Werfel, Zweig, Polgar, Döblin, alle längst von uns geschieden, sie stehen da, denn selbst die toten Juden haben nach gewandelter Zeit wieder Zutritt zu den deutschen Lexika für Lebende.) Gäbe es denn außer Politik, Weltanschauung und »anderen« Tendenzen noch etwas, das den Menschen für ein Lexikon unmöglich machen kann? Was es sein könnte, habe ich nachdenkend nicht herausgefunden, bei aller Mühe, die ich nicht gescheut habe, denn gerade jenes unbekannte Element enthält ja den Grund, weshalb ein Blunck hinausgeworfen wurde, während ein Hans Grimm mit über fünf Seiten vertreten bleibt. Vermissen lernen muß man ferner den Dichter Jünemann, von dem es einst geheißen hatte: »Für den Funk schrieb er . . . auch eine vertiefte Umgestaltung von Hamsuns Roman *Segen der Erde als Lob der Erde* u.a.« Eben auf das u.a. wäre man doch eigentlich sehr gespannt bei einem Mann, der einen Roman Hamsuns nur umzugestalten brauchte, um ihn auch gleich noch zu vertiefen. Solche Vertiefer täten uns heute mehr not als jemals. Das Wehgeschrei so vieler Flachköpfe über die Verflachung unserer Zeit ist ja nachgerade schwer auszuhalten. Mit Jünemanns Vertiefung Hamsuns hat indessen vielleicht schon ein Umschwung begonnen; wenn erst lebende deutsche Dichter Proust, Joyce, Thomas Mann, aber auch Stifter, Eichendorff und, warum nicht, Goethe für den Funk umgestaltet und vertieft haben werden, so kann man wieder auf Hoffnung hoffen.

Andere Lebende fehlen ebenfalls, die in den Zeiten des Dritten Reiches ihren publizistischen Spektakel vollführten: kein Schade. Lennartz selbst scheint es heute wohler zu sein als damals; sein Nachschlagewerk, das er dem Flusse der Zeit anvertraute, hat denn, wie es so Flusses Art ist, auch eine Selbstreinigung durchgemacht, die man schon ruhig als Säuberung, *sensu stricto*, bezeichnen darf. Der Verfasser erscheint heute nicht mehr umwickelt von nationalen Befangenheiten, die sich mit der gelehrten Neigung einst verbunden und verflochten hatten. Was er heute vorlegt, eine Sammlung von Einzeldarstellungen, enthält auf über 800 Seiten jene Fülle von Wissensstoff über viele heutige deutsche Schriftsteller, ohne die der literarische Praktiker nicht auskommt. Man wird den *Lennartz* bald so nennen wie den *Kürschner*, ihn aber weit mehr brauchen.

Vom selben Verfasser steht im Verzeichnis von »Kröners Taschenausgabe« ein weiteres Nachschlagewerk angeführt: *Ausländische Dichter und Schriftsteller unserer Zeit.* – Und so, weltoffen seiner und unserer Wißbegier dienend, wurde der ältere Lennartz zu etwas, das dem jungen in den besten Augenblicken der verdunkelten Jahre vorgeschwebt haben mochte.

(Die Zeit, Freitag, 23. März 1960)

Gustav Korlén in »Moderna språk«

Franz Lennartz, *Deutsche Dichter und Schriftsteller unserer Zeit.* Einzeldarstellungen zur Schönen Literatur in deutscher Sprache. Zehnte, erweiterte Auflage. Alfred Kröner Verlag, Stuttgart. 783 Seiten, Leinen Schwkr. 31,10.

Wie in der Besprechung der 8. Auflage des Lennartz v. J. 1959 in dieser Zeitschrift hervorgehoben wurde, ist ein vergleichendes Studium der verschiedenen seit 1938 erschienenen Fassungen dieses Nachschlagewerks von erheblichem kulturpolitischem und literatur-soziologischem Interesse (*Moderna språk* 1960, S. 319ff.). Auch die beiden seit 1959 erschienenen Auflagen (die 9. stammt aus dem Jahre 1963) sind in dieser Hinsicht aufschlußreich. Über die Auswahlprinzipien der neuesten Auflage heißt es im Vorwort folgendermaßen:

Entsprechend den bisher erschienenen Ausgaben will auch diese wiederum erneuerte Auflage ein Bild der deutschsprachigen schönen Literatur der Gegenwart zeichnen, wie es sich dem vorbehaltlosen Chronisten heute darbietet. Form ist die alphabetische Folge von Einzeldarstellungen geblieben, die über Leben und Werk von ausgewählten lebenden und in jüngster Vergangenheit verstorbenen Autoren berichten. Mitunter erfordert das Einbeziehen literarischer Gruppen und Formen neue Informationen, die über den Rahmen des behandelten Autors hinausführen. Darum kann der Umfang eines Textes nicht grundsätzlich als Werturteil gelten, zumal dieser auch durch bibliographische Vollständigkeit bestimmt wird. Um diese in allen literarischen Formen vom Buch bis zum Werk für Bühne, Fernsehen, Funk, Film und Schallplatte beibehalten zu können, mußten, von wenigen überragenden Ausnahmen abgesehen, Autoren ausgeschieden werden, die bis 1960 verstorben waren; ferner auch einige lebende, z. B. solche, die sich von der Belletristik abgewendet haben und darum in anderem Zusammenhang zu nennen sind. Auch mußte die Grenze zur weniger anspruchsvollen sogen. Unterhaltungsliteratur zugunsten von Werken junger, dichterischer Talente schärfer als bisher gezogen werden.

Vom Lebensweg eines Autors blieben vornehmlich solche Daten und Tatsachen herausgestellt, die für die Gestaltung seiner Werke von Bedeutung waren und in diesen sich widerspiegeln. Ferner wurden die Linien der Entwicklung vom ersten Werk über die Höhepunkte des Schaffens bis zum bisher letzten Werk aufgezeigt, dabei Stoffkreise und Gehalt angedeutet oder umrissen und in manchen Fällen durch positive und negative Stimmen der Kritik erläutert, so daß mit der Hinführung zum Gesamtwerk zugleich Wesenszüge der dichterischen Persönlichkeit erkennbar werden. Auch wurden Literaturpreise und andere öffentliche Ehrungen verzeichnet.

Man muß also für ältere Autoren nunmehr in verstärktem Ausmaß auf die älteren Auflagen zurückgreifen. Dafür enthält aber der neue Band unter den insgesamt 328 aufgenommenen Namen eine ganze Reihe von deutschsprachigen Schriftstellern, die in den 60er Jahren hervorgetreten sind. Es finden sich darunter mehrere, die in Schweden durch Lesungen oder Übersetzungen bekannt wurden, so z. B. Ernst Augustin, Jürgen Becker, Hubert Fichte, Peter Handke, Günter Herburger, Rolf Hochhuth, Alexander Kluge, Reinhard Lettau, Christa Reinig, Günther Seuren, und unter den jüngeren DDR-Autoren u.a. Wolf Biermann, Hermann Kant, Günter Kunert und Christa Wolf. Zuwachs erhält auch die österreichische Literatur (Tomas Bernhard) und die deutschschweizerische Literatur (Peter Bichsel und Kurt Marti; vgl. Otto Oberholzer im vorigen Jahrgang von *Moderna språk*, S. 38ff.). Ausführlich orientiert der neue Band über die an die Traditionen der deutschen Arbeiterdichtung anknüpfende Dortmunder Gruppe 61 (unter Max von der Grün) sowie über die Wiener und Grazer Avantgarde (unter dem zeitweilig in Malmö ansässigen H.C. Artmann bzw. Peter Handke).

Zu begrüßen ist, daß der Herausgeber den semantischen Unfug der distanzierenden DDR-Bezeichnungen nicht mitmacht, der immer noch in einigen westdeutschen Nachschlagewerken herumgeistert. Ein redaktioneller Lapsus liegt offenbar in der Behandlung von Wolf Biermann vor, wo entgegen dem sonstigen Usus die DDR in Gänsefüßchen erscheint. Es fehlen allerdings Monographien für einige in der Darstellung von Christa Wolf genannte stärker ideologisch ausgerichtete DDR-Autoren wie Volker Braun, Dieter Noll, Erik Neutsch und Max Walter Schultz. Letzterer ist gewiß nicht, wie Lennartz nahelegt, ein Vertreter der Liberalisierungstendenzen: als Hauptreferent auf der jüngsten Tagung des ostdeutschen Schriftstellerverbandes hat er vielmehr den bemerkenswerten neuen Roman von Christa Wolf, *Nachdenken über Christa T.* scharf angegriffen (nachzulesen im *Neuen Deutschland* vom 23. 5. 1969).

Für die genannten und auch andere DDR-Autoren muß man daher die vor kurzem erschienene neue Auflage des zweibändigen *Lexikons deutschsprachiger Schriftsteller* (VEB Bibliographisches Institut, Leipzig 1967) heranziehen, das auch die moderne Literatur weitgehend berücksichtigt und bei ideologisch unverkennbarer Grundhaltung vielfach erfreulich liberale Wertungen aufweist (so z. B. unter Huchel und Kafka). Von der im Vorwort angekündigten restriktiven Behandlung der »weniger anspruchsvollen sog. Unterhaltungsliteratur« ist in Wirklichkeit wenig zu verspüren – was denn auch aus der Sicht der ausländischen Germanistik keineswegs zu bedauern ist. Beibehalten sind z. B. Hugo Hartung und der *Nullachtfünfzehn*-Autor Hans Helmut Kirst (Gesamtauflage 3,7 Millionen in 24 Ländern!). Zu den neuaufgenommenen gehören Hans Scholz (*Am grünen Strand der Spree*, vgl. über ihn und Hartung Günter Dallmann in *Moderna språk* 1958, S. 317ff.) und der durch eine schwedische Fernsehsendung im vorigen Jahr auch bei uns bekannt gewordene Hans Habe (*Die Mission*), sein jüngster Roman *Das Netz* hat sogar einem so gestrengen Kritiker wie Marcel-Reich-Ranicki einige anerkennende Worte in der *Zeit* abgerungen; siehe jetzt die Würdigung von Professor Berendsohn in diesem Heft. Zu den Verdiensten der neuen Auflage gehören auch die zum Teil wesentlich erweiterten bibliographischen Angaben, so z. B. unter Brecht, Bobrowski und dem diesjährigen Büchner-Preisträger Heissenbüttel.

Gestrichen wurden aus der vorigen Auflage vor allem einige mehr oder weniger ausgeprägt völkische Autoren, wie z. B. Beumelberg, Kolbenheyer, Luserke, Mechow, Oberkofler und schließlich der unerquickliche Kurt Ziesel (»der geborene Spezi für Franz Josef Strauss«, so Alfred Neumann in einem aufschlußreichen Artikel über Ziesel in *Konkret*, Nr. 17, 1969) – letzteres eine Entscheidung, die allenfalls das Mißfallen der NPD veranlassen könnte.

Eine vor kurzem unternommene demoskopische Untersuchung, die von Günter Dallmann in *Dagens Nyheter* referiert wurde, führte zu dem betrüblichen Ergebnis, daß 56 % der westdeutschen Bevölkerung keinen einzigen lebenden deutschen Autor nennen konnte. Das Lennartzsche Nachschlagewerk hat also immer noch eine wichtige Aufgabe zu erfüllen – freilich nicht nur unter literarischen Ignoranten.

(Moderna språk, 1969, S. 292-294)   Gustav Korlén

Der Lennartz

Neuauflage eines zuverlässigen Lexikons

Wer sich mit Literatur, aus welchen Gründen auch immer, ernsthaft beschäftigt, der ist auf zuverlässige Nachschlagebücher angewiesen. Und wer sich ganz besonders für die zeitgenössische deutsche Literatur interessiert, der kann auf den »Lennartz« nicht verzichten. Gemeint ist das Buch »Deutsche Dichter und Schriftsteller unserer Zeit« von Franz Lennartz (Untertitel: »Einzeldarstellungen zur Schönen Literatur in deutscher Sprache«).

Allerdings war die letzte Auflage dieses bestimmt unvollkommenen Lexikons, das dennoch keinerlei Konkurrenz hat, 1969 erschienen und also längst der Überholung bedürftig. Die neue (nunmehr elfte) Auflage ist »Deutsche Schriftsteller der Gegenwart« betitelt und enthält 370 Einzeldarstellungen (in der vorangegangenen Ausgabe waren es 328).

Sind also 42 Autoren dazugekommen? Nein, noch erheblich mehr, denn Lennartz hat diesmal ausschließlich die bei Redaktionsschluß noch lebenden Autoren aufgenommen. Natürlich geht diese Entscheidung auf Raumgründe zurück. Sie ist verständlich und wenig überzeugend.

Jedenfalls kann das Buch dem Anspruch, ein Bild der deutschsprachigen Literatur der Gegenwart zu vermitteln, nicht mehr ganz gerecht werden. Denn wir dürfen doch wohl zur Literatur der Gegenwart auch Ingeborg Bachmann und Rolf Dieter Brinkmann zählen, Marie Luise Kaschnitz und Hans Erich Nossack? Wer Informationen über das Werk dieser in den letzten Jahren gestorbenen Autoren sucht, muß sich nach wie vor der alten Ausgabe bedienen.

Andererseits hat sich Franz Lennartz – und das ist sehr erfreulich – entschlossen, den Literaturbegriff kräftig zu erweitern. In der neuen Auflage werden auch berücksichtigt: Liedermacher (wie etwa Franz Joseph Degenhardt), Rundfunkautoren (wie Thilo Koch), Unterhaltungsschriftsteller (wie Johannes Mario Simmel) und schließlich und vor allem Kritiker (wie Günter Blöcker, Joachim Kaiser, Friedrich Luft, Hans Mayer, Fritz J. Raddatz, Marcel Reich-Ranicki und andere).

Gewiß lassen sich in den einzelnen Artikeln hier und da Fehler und Irrtümer, überraschende Urteile und einseitige Charakterisierungen entdecken. Indes fallen sie angesichts der vielen Vorzüge kaum ins Gewicht. Lennartz bewährt sich immer wieder als glänzender Kenner der Materie, seine Einzeldarstellungen zeichnen sich durch Sachlichkeit und Fairneß aus und geben auf knappem Raum ein aufschlußreiches, gerechtes und meist auch umfassendes Bild des jeweils betroffenen Autors. Alles in allem ein überaus nützliches und bisweilen sogar amüsantes Nachschlagebuch.

M. R.-R
10.2.79 Frankf. Allg. Ztg.

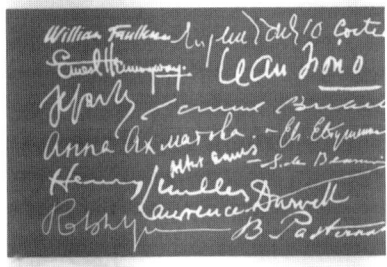

Umschlag der 4., erw. Auflage 1971

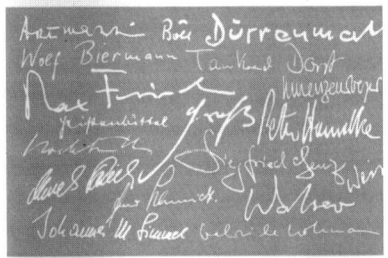

Umschlag der 11., erw. Auflage 1978

Riggan, W.: in World Literature Today. Autumn 1985
A Literary Quarterly of the University of Oklahoma

*Franz Lennartz. Deutsche Schriftsteller des 20. Jahrhunderts
im Spiegel der Kritik. 3 vols. Stuttgart. 1984. xxxii + 1,950
pages. 68 DM.*

The presence of a particular German-language author or
literary work in one's »Lennartz« proves that the author or
work in question has achieved a certain status or level of
recognition. The course of writers' fates in the eleven edi-
tions published between 1941 and 1978, moreover, provi-
des a good indication of shifting literary tastes and trends –
perfect grist for the reception studies that many German-
ists and German-oriented comparatists cherish. To com-
memorate Franz Lennartz's seventy-fifth birthday (in Sep-
tember 1984) the Alfred Kröner Verlag has brought out a
special boxed edition of the author's justly famous work
»German Writers of the Twentieth Century as Reflected in
criticism« comprising three paperbound volumes and a
separate *Registerband* of index of works cited. A total of 845
entries are included, ranging from less than one page to
nearly ten pages in length and making the work an estima-
ble companion to such standard reference volumes as
Gero von Wilpert's *Deutsches Dichter Lexikon* und Hans
Jürgen Geerdt's *Literatur der DDR*. The long-term utility of
the small, thick paperback format is questionable for a fre-
quently consulted compendium such as this; and the occa-
sional variations in line spacing and type leading in the text
are visually distracting – probably a result of advance
space allotments being exceeded or not met, or simply of
. awkward breaks and hesitant editing. The usefulness of
the material itself remains exemplary, however, and the
commentary is often enlivened by candid opinions amid
the extensively detailed biobibliographical information.
The Germans put out excellent lexicons in general. The
»Lennartz« is a fine example of such work .

Milano, *29 apr 1957*

Ganz prima!
E tante grazie dal vostro

Dino Buzzati

VILLA MAURESQUE,
St. JEAN - CAP FERRAT,
A.M.

1st April, 1957.

Dear Sir

Thank you for sending me the extract
about myself. It is indulgent, and I could
not ask to be more genially treated. There
is only one mistake that you might find it
worth your while to correct - I didn't study
medicine at Oxford but at St.Thomas's Hospital
London.

Yours sincerely,

W.S. Maugham

Die Reaktion der behandelten Schriftsteller: Zustimmung

TELEGRAMS
ANGLETERRE

TELEPHONE
CENTRAL 95

COPENHAGEN
DENMARK

7.April 1957.

Alfred Kröner Verlag
Stuttgart

Sehr geehrter Herr:

Danke für die Zusendung des items. Leider
scheint es einer veralteten und ziemlich unzuverlässigen
Quelle herzurühren und enthält mehrere positive Irrtümer. Zum
Beispiel habe ich es nie fertigbringen können ein Buch von
Unset durchzulesen. Ein Literaturhistoriker, der glaubt, dass
ich von Frau Unset plus "heimatlicher Nationalromantik" be-
einflusst wurde, ist unqualifiziert.

Das Nobel-Institut in Stockholm würde sicher
bessere Quellen angeben, wenn Sie dort Anfrage stellen würden.
Ich möchte Ihnen auch das grosse Werk über mein Schaffen von
dr. Hallberg empfehlen (Zwei Bände, ungefähr 1300 Seiten,
bei Rabén & Sjögren, Stockholm, erschienen.) Bitte Ihrem Mitarbeiter über die Existenz dieses Buches mitzuteilen, damit er
von up-to-date und zuverlässigem Material Kenntnisse nahmen kann.

Mit vorzüglicher Hochachtung

Halldór Laxness

Interview mit Franz Lennartz in der ZDF-Sendung »Aspekte« am 18. 01. 1985

Moderator: Dr. Dieter Schwarzenau

Einleitung:

Jeder Germanistikstudent oder Freund der zeitgenössischen deutschsprachigen Literatur hat irgendwann einmal den *Lennartz* in der Hand gehabt. Ja man kann sagen, der Literaturführer von Franz Lennartz ist so etwas wie eine Institution. Das beweist alleine schon die Auflage von sage und schreibe 270 000, die er bisher erreicht hat.
Ich habe meinen Lennartz 1957 als Pennäler bekommen, und ich habe ihn benutzt wie eine Dauerinstitution. Dabei ist mir gar nicht bewußt geworden, daß dieser Lennartz im Laufe seiner Auflagen sich eigentlich permanent verändert hat, daß er permanent sein Gesicht und damit seinen Inhalt änderte. Meine Ausgabe von 1957 war die 7. Auflage, und sie berichtete über 273 Autoren. In der nächsten Ausgabe, zwei Jahre später, in der Ausgabe von 1959, fehlten dann 49 Autoren von ihnen; nämlich so wichtige Autoren wie Stefan George, Hugo von Hofmannsthal, Franz Kafka, Robert Musil, Rainer Maria Rilke, Joseph Roth, Georg Trakl, Kurt Tucholsky, um nur ein paar zu nennen. An ihrer Stelle kamen durch den Nationalsozialismus vorbelastete Autoren in diesen Band, in dieses Lexikon, hinein. Beispielsweise Josefa Berens-Totenohl oder Hans Grimm.
Der Lennartz hat bisher 11 Auflagen erlebt, die letzte erschien 1978, die erste aber bereits 1938. Eine 12. Auflage ist angekündigt.

Wie eklatant oft der Lennartz sein Gesicht änderte, wird nun durch folgendes, gerade erschienenes Verlagsprojekt deutlich und sichtbar; es heißt: »Franz Lennartz, *Deutsche Schriftsteller des 20. Jahrhunderts im Spiegel der Kritik*«, und es stellt in drei Bänden alle 845 Schriftsteller vor, die jemals in einer der 11 Auflagen vertreten waren.

Ich begrüße hier im Studio den Verfasser dieses Werkes, Franz Lennartz.

S.: Herr Lennartz, herzlich willkommen und zunächst die erste Frage: Nach welchen Kriterien kam man eigentlich in den Lennartz hinein und nach welchen flog man wieder raus?

L: Die Kriterien hat die Zeit gegeben. Zum Beispiel, daß ich nach dem Krieg, worüber ich sehr beschimpft worden bin, Autoren wie Grimm, Dwinger und Kolbenheyer wieder in das Buch aufgenommen habe, das bestimmte die Kritik, das bestimmte die öffentliche literarische Meinung. Ich wurde beschimpft und konnte den Kritikern sagen: Jeden Tag liest man in allen Gazetten über Grimm, über Kolbenheyer, also kann ich als Chronist, der ganz sachlich ohne seine eigene Person urteilt, diesen Dichter nicht auslassen.

S: Jetzt sind wir natürlich schon sehr weit vorausgeeilt. Wir sind jetzt schon in die 50er Jahre gekommen, wo Sie Dwinger – nein Dwinger ist durch alle Auflagen durchgegangen –, aber Leute wie Kolbenheyer wieder aufgenommen haben.
Wie ist es überhaupt '38 zu diesem Werk gekommen? Wie ist es entstanden? Es war ja eine etwas schwierige Zeit, um eine Literaturgeschichte zu schreiben, die sich objektiv darstellen wollte?

L: Der Ursprung ist rein persönlicher Art. Ich war ein Jüngling wie alle andern. Ich habe mit 15 Gedichte geschrieben und mit 16 hatte ich ein paar Novellen in der Zeitung veröffentlicht. Und da begann für mich das künstlerische Problem. Ich war nie ein Propagandist irgendeiner Richtung, weder des Nazismus, noch des Katholizismus, noch sonstwie; mich hat nur die künstlerische Persönlichkeit interessiert. Ich bekam auf einmal einen *Kürschner* in die Hand, und dann sah ich einen Dichter, der hatte 3 Gedichtwerke. . .

S: Sie müssen sagen, was ein Kürschner ist.

L: Ein Kürschner ist ein Handbuch für Schriftsteller. Da stehen 10 000 drin, in knappster biographischer und bibliogaphischer Form.
Ja und dann sah ich zum ersten Mal, es gibt da Leute, die schreiben ihr ganzes Leben lang. Einer hatte 150 Bücher, der andere 100 Bücher und so fragte ich mich eben: Was sind denn das für Leute, und ich lernte kennen, daß das eigentlich tragische Leute sind, die doch anders als Bürger leben.

S: Gut, aber wie haben Sie denn gearbeitet? Wie ist denn dieses Lexikon entstanden? Was sind die Voraussetzungen gewesen?

L: Ich wollte für mich ergründen, was mit der Literatur der Zeit – die Klassiker kannte ich schon –

S: Ja und wie haben Sie das ergründet?

L: Und dann habe ich ergründet; ich bin in die Bibliotheken gegangen, ich habe Bücher gekauft und ich habe gelesen und dann habe ich angefangen . . .

S: Aber die gab's doch '38 nicht alle! Es gab doch nur bestimmte Bücher, die man lesen konnte, es gab nur bestimmte Zeitungen, die man auswerten konnte; '38 war man sehr eingeschränkt.

L: Ja, das stimmt. Und dann habe ich alles gesammelt, was es über Literatur gab. Die Zeitungen, die Zeitschriften, nicht nur des Inlandes, sondern auch des Auslandes. Ich hatte die Times und den Figaro, ebenso alles über die NS-Zeit. Und um auf den Titel zu kommen *im Spiegel der Kritik*, ich hatte diese Spiegel, dessen was Literatur ist, und da habe ich angefangen, Dichter zu besuchen und an Dichter zu schreiben. Wenn man an einen Dichter schreibt, dann kann man nicht einfach schreiben: »Nun erzähl' mir mal was aus deinem Leben.« Man bekommt nur eine Antwort, wenn man dem Dichter nachweist, daß man zumindest seine Hauptwerke kennt.

S: Ja, ich möchte dennoch nochmal auf die erste Auflage, oder die Ausgaben, die im Dritten Reich erschienen sind, zurückkommen, das sind 4 Auflagen '38-'41.

L: Ja und so habe ich aus der Zeit die Namen gewählt, die da waren, die da sein mußten, und natürlich auch einige Namen, die mir lieb waren. Aber nach meiner Natur konnte ich ja gar nicht gehen. Ich bin 1910 geboren, ich bin mit Thomas Mann, mit dem Tonio Kröger aufgewachsen, mit Hermann Hesse, mit dem Camenzind. Das war mir alles eine völlig andere Welt, und deshalb war ich von vorne herein nur darauf aus, ein Chronist zu sein, kein Beurteiler. Die Urteile habe ich aus dieser und aus jener Seite genommen.

S: Wenn Sie Autoren aufgenommen haben, mußten das oder waren das ausschließlich Autoren, die dem Regime genehm waren oder konnten Sie auch andere Autoren reinnehmen?

L: In Schweden ist eine Schrift herausgekommen von Doris Rune, eine Habilitation über meine Bücher, und die stellt die Auflagen der Nazi-Zeit und die Auflagen nachher einander gegenüber. Das waren 300 Dichter – das hat in Deutschland noch nie jemand festgestellt –: daß da nur 40 Nazi-Dichter drin waren. Daß zum Beispiel über die Hälfte direkt anti-nazistische Autoren drin waren, in diesem Vorwort der Frau Dr. Klemm, der ich diese Ausgabe zu verdanken habe, finden Sie das auch.

S: Das ist der Kröner Verlag.

L: Der Kröner-Verlag. Und ich habe nachträglich selbst gestaunt, daß ich so gehandelt habe. Ich war kein Widerstandskämpfer, ich war ein junger Mann, ich hatte Philologie studiert, lag auf der Straße, wollte in Berlin bleiben ganz allein und verdiente mir mein Brot mit x Jobs. Aber ich wollte das Bild der Literatur so wie es war in ein Buch bringen. Das war mein Ehrgeiz, und das habe ich getan. Und ich finde es deshalb so schön, daß die Kassette das alles sammelt und wirklich zeigt, was damals möglich war.

S: Also diese Kassette ist eine ungeheure Quelle. Man kann sehr viel erfahren über deutsche Literatur in den letzten 50 oder 60 Jahren. Man findet Dichter wieder, die verschütt gegangen sind, zu viele auch zu Unrecht, die man nicht mehr kennt oder die nicht mehr im öffentlichen Bewußtsein sind.
Aber sie ist auch problematisch. Sie ist deshalb für mich problematisch, weil sie nun versucht, alle Autoren, die bisher jemals im Lennartz drin waren, wieder zusammenzufassen und jeweils mit dem letzten Text. Das heißt, es sind sehr viele Texte auf dem Stand der Erkenntnis und des Wissens von 1941 jetzt hier wiedergegeben. Für jemanden, der sich nicht auskennt, ist das unzureichend oder muß das unzureichend sein, nein es ist sogar noch mehr, es kann auch verführerisch sein. Er kriegt ein völlig falsches Bild von der Qualität eines Dichters oder eines Schriftstellers, der 1941 gefeiert wird, aber heute mit Sicherheit nicht mehr gefeiert werden würde.

L: Also. Ihr Einwand ist zunächst vollkommen berechtigt.
Aber ich habe mein ganzes Leben lang, also 40, 50 Jahre fast, immer das Aktuellste geschrieben. Aus dem Tag heraus, aus dem Spiegel der Kritik heraus. Und nun ist der Wunsch doch verständlich, daß einmal stehen geblieben wird, daß einmal gesammelt wird, was – wie Sie auch gesagt haben – doch sehr wichtig ist. Und es sind viele Dinge darin, die auch in der Nachkriegszeit negativ behandelt worden sind, ohne es verdient zu haben. Also habe ich gerne zugestimmt, daß die gesamten Dokumentationen einmal hier gebunden werden, und ich arbeite ja weiter. Hier steht's drin: Eine neue, eine 12. Auflage kommt ja.
Hätte ich aber auch diese Kassette aktuell gemacht, dann hätte sie gar nicht erscheinen können. Dann wäre das ganze frühere Material einfach verloren gewesen.

S: *Schön wäre nur, wenn man mal die Autoren oder den größten Teil der Autoren, die in den Bänden von 1938-41 drin sind, in einer aktuell aufgearbeiteten kritischen Ausgabe haben könnte, die jetzt den Stand von heute einbezieht.*

L: Diese aktuell aufgearbeitete kritische Auflage, die kommt.

S: *Aha. . .*

L: Aber. . .

S: *Die versprechen Sie uns?*

L: Ja, die verspreche ich Ihnen, aber diese Frau Dr. Klemm hat vorgegriffen und hat hier in einem Registerband ganz genau schon festgelegt: das war in der 1., das war in der 3., das war in der 4. Auflage. Alle diese Fragen, die Unterschiede usw., die sind aus dieser Kassette ersichtlich.
Der Verlag – das ist ja gar nicht meine Kassette allein –, damit hat sich der Kröner Verlag ungeheure Mühe gegeben, und ich glaube, daß das literarisch wirklich interessierte Publikum uns das dankt.

S: *Ich danke zunächst mal Ihnen, Herr Lennartz, vielen Dank.*

Franz Lennartz   22. 2. 1963
7801 Kirchhofen b.
Freiburg i. Br.
Haus Berlin.

Herrn
Dr. h.c.
Oskar Maria Graf
34 Hillside Avenue
New York 34, N.Y.

Sehr verehrter Herr Graf!

Mein Buch über deutsche Dichter und Schriftsteller unserer Zeit (Kröners Taschenausgabe, Alfred Kröner Verlag, Stuttgart) wird bald in der 9. Auflage herauskommen, weshalb ich mir erlaube, Ihnen den Text zur 8. Auflage noch einmal vorzulegen für den Fall, daß sie Änderungs- oder Ergänzungswünsche haben oder überhaupt mir bei meinem Bestreben nach bibliographischer Vollständigkeit bez. selbstständiger Werke helfen wollen.

Was mir an Biographischen Neuigkeiten (Dr. hc., Ehrengabe Münchens) bekanntgeworden ist, habe ich auf der Fahne schon vermerkt, ebenso die neuen Buchtitel, denen sich gewiß bald weitere anreihen werden, die vielleicht schon nennenswert sind. So konnte ich damals schon ihren großen Emigranten-Roman ankündigen, der jetzt unter seinem richtigen Titel im Haupttext genannt sein wird. Existiert irgendwo eine vollständige Graf-Bibliographie? Wenn ich bedenke, von wem heutzutage in Taschenbüchern etc. schon Bibliographien existieren, Autoren, die kaum begonnen haben, dann ist meine Frage gewiß berechtigt.

                                  Mit freundlichsten Grüßen und
                                  Wünschen
                                  Ihr sehr ergebener

                                  Franz Lennartz

Oskar Maria Graf   26. März 1963
34 Hillside Avenue
New York 40, N.Y.
Lorraine 7-0852

Mr. Franz Lennartz
7801 Kirchhofen
bei Freiburg im Breisgau
Haus Berlin
Baden-West Germany

Lieber Herr Lennartz!

Heute habe ich an Sie mit der langsamen Post meinen Gedichtzyklus »Der Ewige Kalender« geschickt, den meine Freunde zu meinem 60. Geburtstag in NY herausgaben. Ich schicke das Buch hauptsaechlich deshalb, weil es die einzige bisher vollstaendige Bibliographie meiner Werke hat. ich habe zudem noch einige erklaerdene und ergaenzende Blätter beigegeben, sodass sie nunmehr ueber mein bisheriges Schaffen im Bilde sind.

Wie ich schon auf dem Zettel vermerkte handelt es sich bei dem Buch »Erben des Untergangs« um das Buch, das bei Desch unter dem Titel »Die Eroberung der Welt« nach den krieg herauskam und erst in der neuen Fassung und auf gutem Papier nun in Frankfurt aufgelegt ist.

Mit Grueßen von hier, wo ich bis zirka 25. April wegen meines Asthmas auf Kur bin.

Ihr ergebener

O.M. Graf

eine ganz normale Schriftstellerkorrespondenz

Le Fort, Gertrud von, eine Dichterin des Katholizismus, trat mit Romanen und Gedichten von tief religiösem und nationalem Gehalt hervor. Sie entstammt einer Refugié-Familie aus französisch-italienischem Grenzgebiet, studierte Geschichte und Philosophie und lebt auf Schloß Konradshöhe-Baierbrunn im Isartal (geb. 11. 10. 1876). Quellen und Spannweite ihres Schaffens spiegeln schon die Gedichtbände „Hymnen an die Kirche" (24) und „Hymnen an Deutschland" (32); der erste ist Zwiesprache einer Seele mit Gott und Kirche, „glockenreine, erzene Töne" aus innerstem Erleben klingen darin; im zweiten kündet die Dichterin aus christlichem Geist von deutschem Schicksal und deutscher Sendung. Das erste Prosawerk, „Das Schweißtuch der Veronika" (28), ist ein Entwicklungsroman, Seelengeschichte eines jungen Mädchens, das sich im ewigen Rom zum Katholizismus bekehrt; es ist ein zeitloses Buch in der Form des Ichromans, der Rückschlüsse auf das Wesen der Dichterin zuläßt, ohne ausgesprochen autobiographisch zu sein. Im Sprachstil mittelalterlicher Legenden ist der Roman vom Werdegang des Anaklet II., des „Papst aus dem Ghetto" (30), aus jüdischem Geschlecht, geschrieben; die Frage nach dem Sinn christlicher Welterlösung findet hier eine Beantwortung aus katholischer Weltanschauung heraus. „Die letzte am Schafott" (31), eine Briefnovelle, spürt den letzten Ursachen der Französischen Revolution nach. Die Wirren des 30jährigen Krieges mit der Eroberung und Zerstörung Magdeburgs 1631 durch Tilly spiegeln sich im Erleben einer Patrizierin, deren „Magdeburgische Hochzeit" (Roman, 36) jäh unterbrochen wird; dabei sucht die im damaligen Chronikstil erzählende Dichterin von ihrer religiösen Auffassung her zu einer höheren Gerechtigkeit für die streitenden Religionsparteien zu gelangen. Sprachlich und ihrem religiösen Stoffkreis nach ähnlich geartet behandelt eine tiefgründige, konzentrierte Erzählung „Die Abberufung der Jungfrau von Barby" (40), deren Gesichte und Entrückungen in Gottesferne zur Zeit der Bilderstürmer wirksam werden. In der Ichform erfährt ein eigenartiges Jugenderlebnis in der Erzählung „Die Opferflamme" (38) Wiederholung und Deutung. Erwähnt seien philosophische Aufsätze, „Die ewige Frau, die Frau in der Zeit, die zeitlose Frau" (34).

Ein Beispiel aus dem Literaturführer von 1941

Der Feuilletonist

Franz Lennartz in seinem Arbeitszimmer
Foto W. R. Schmidt, 1995

Das Haus Lennartz ist auch heute noch ein Ort literarischer Begegnungen

Franz Lennartz

Warum Dichter Pseudonyme wählen

Es gab und gibt nur wenige Schriftsteller auf der Welt, die nicht aus irgendeinem Grunde einmal unter einem Pseudonym veröffentlicht haben. Lexika geben Auskunft darüber, können aber den lebendigen Tatsachen nicht nachkommen. Corda, Coubier (französisch ausgesprochen), Kerr, Klabund, Kolbenhoff, Lenz, Meyrink, Pistorius, Salten, Thrasolt, Viebig, Welk, Weyrauch, Widman klingt verlockender als – in entsprechender Reihenfolge – Knobloch, Kubier, Kempner, Henschke, Hoffmann, Schwanzera, Meyer, Eule, Salzmann, Treßel, Cohn, Trimm, Scherer und Hausleitner. Mit Kasimir Edschmid reist es sich beschwingter durch Italien als mit Eduard Schmid und unter den vielen Herren Schmidt aus Bonn gab es nur einen Schmidtbonn. Warum sollte sich der lyrische Eulenspiegel Ringelnatz prosaisch Bötticher nennen, hatte sich doch schon sein Vater lieber von Versewitz genannt. Wer hätte einem Richard Engländer das Wienertum Peter Altenbergs geglaubt, wer einem Kostrowitzky die Lyrik Apollinaires? Malaparte, Moravia und Silone anstatt Suckert, Pincherle und Tranquilli, Anet, Loti und Romains für Schopfer, Viaud und Fargoule, schließlich Multatuli für Dekker, Aar van de Werfhorst für Pit Jansen, Vercors und Zeromski, anstatt Bruller und Zych, Hamsun und Conrad gleich Petersen und Korzeniowski – die Reihe ließe sich endlos fortsetzen. Heute ist man anspruchsloser geworden als zur Zeit der »Gartenlaube«, in der Maria Schmitz, Anne Kraus und Hanns Holzschuher nicht anders als R. Fabri de Fabris, Sandor Barinkay und Hieronymus von Harlach vergeblich um die Unsterblichkeit rangen. Während sich damals die Bürgerlichen mit Adelsprädikaten vor Phantasienamen auszeichneten, tarnten sich die Adligen bürgerlich, z. B. die rumänische Königin als Carmen Sylva, L. von Drygalski als Liesbeth Dill und eine schleswig-holsteinische Prinzessin als F. Hugin. Mit Robert Edler von Musil, der sich nur Robert Musil nannte, ist das Zeitalter dahingegangen, das er gestaltet hat und dem auch ein Ludwig Renn seinen Adelsnamen Vieth von Golßenau geopfert hat.

Die meisten Überraschungen bieten dem Pseudonymen-Forscher schreibende Frauen. Daß die Nobelpreisträgerin Grazia Deledda, die zwar kein Pseudonym wählte, dafür aber die Welt bis zu ihrem Tode und die Literaturgeschichte bis heute um vier Lebensjahre geprellt hat (sie wurde 1871, nicht 1875 geboren), sei nur am Rande vermerkt. Nicht allein Ellen Glasgow († 1945) schrieb zuerst unter einem Pseudonym, weil das Schriftstellern damals für ein »wohlerzogenes Mädchen anstößig« war. Frauen unter Männernamen war große Mode, die auch im Zeitalter der Gleichberechtigung noch lebendig ist. Georg Munk – Paula Buber; Anna Seghers will weder Netty Reiling laut Geburtsschein noch Radvanyi nach ihrem Mann heißen, ebensowenig Martina Wied Weisl oder Schnabl, Edith Mikeleitis nicht Schumann, Ehlers oder Winkelmann, und Luise Rinser nicht Herrmann oder Schnell. Helene Böhlau hätte sich Al Raschid Bey nennen dürfen. Aber, der klingende Name ist nicht immer Hauptanreiz zum Pseudonym. Tucholsky nannte sich abwechselnd Tiger, Panter, Wrobel und Hauser, weil in Deutschland niemand, so meinte er, dem politischen Schriftsteller Humor, dem Satiriker Ernst, dem Verspielten Kenntnis des Strafgesetzbuches und dem Städteschilderer lustige Verse glaubt. Ludwig Thoma ließ seine gepfefferten Simplizissimus-Satiren wider die Spießerei aller Art als Peter Schlemihl los und kam trotzdem wegen Majestätsbeleidigung ins Gefängnis. Der ehemalige Industrieange-stellte Hermann Dannenberger holte sich den Kleistpreis für seinen entlarvenden Industrieroman »Union der festen Hand« als Erik Reger. Ceram hatte vor seinem archäologischen Weltbestseller schon unter seinem umgekehrt zu lesenden richtigen Namen (Marek) ein Narvik-Tagebuch veröffentlicht. Der Dichter Penzoldt ist der Maler Fritz Fliege, der Erzähler Wittek ist mit dem Jugendschriftsteller Steuben identisch, der Übersetzer Moering schmiedet als Peter Gan gauklerische Verse, Werner Helwig ist dem Süden und sein Pseudonym Einar Halvid dem Norden verpflichtet, der Arzt Curt Emmrich veröffentlicht als Peter Bamm kleine Prosa, und der Abenteurerschriftsteller Velter gab seine persönlichsten Romane unter Thomas Quint heraus. So sehr sich die Schreibenden gegen Thomas Wolfes Bekenntnis, daß »jedes ernsthaft schöpferische Werk notwendigerweise autobiographisch« sei, verwahren, so groß, besonders anfangs, ist auch die Furcht, sich dem Publikum und der Kritik preiszugeben. Ricarda Huch wagte sich mit ersten Gedichten 1891 nur als Richard Hugo hervor, der sechzehnjährige Hofmannsthal als Loris und Theophil Morren, Rudolf Ditzen mit Pubertätsromanen nur als Hans Fallada, der schon bekannte Theodor Tagger mit gewagten Nachkriegsdramen über die Verkommenheit der Jugend nur als Ferdinand Bruckner, was erst nach Jahren durch das Finanzamt entdeckt wurde. Wer vermutet hinter dem verschollenen Simplizissimus-Pseudonym Dymion den Schlesiendichter Hugo Hartung, wer zählt, von Tralow bis Weisenborn, die Dichter, die sich, ähnlich Balzac, mit Unterhaltungslektüre unter falschem Namen Geld holen? Der französische Historiker A. Varenne ist sogar identisch mit J. Laurent, dem Verfasser von routinierten Groschenheften. Erich Kästner und Günther Weisenborn schlugen dem NS-Staat, in dem sie verfemt waren, als Drehbuch- und Bühnenautoren unter anderem Namen ein Schnippchen. Der Fall der Ammers-Küller in Holland, die vor Ablauf ihrer Verbotszeit unter einem Pseudonym einen Roman herausgab, hat deutlich gezeigt, daß einem Schriftsteller aus Passion niemand die Feder wegnehmen kann. Karl Kraus gewann der Pseudonymität den Reiz ab, seine Todfeinde bloßzustellen, indem er in die Wiener »Neue Freie Presse«, die ihn am liebsten gelyncht hätte, lammfromme Artikelchen unter dem Pseudonym Zivilingenieur J. Berdach lancierte, die er dann in seiner »Fackel« mitsamt den verantwortlichen Redakteuren verriß. Daß sich der schon berühmte Hermann Hesse als »Anfänger« Emil Sinclair mit dem »Demian« den Fontanepreis holte, den er dann freilich zurückgab, ist bekannt, ebenfalls Paul Gurks Bestätigung als Franz Grau.

Den jüngsten Beweis für den Erfolg aller Könnerschaft gab sich die Nobelpreisträgerin P. S. Buck, die sich jetzt als Autorin der auch in Deutschland verbreiteten Romane von John Sedges bekannte. Wer sich hinter den Pseudonymen A. E. Johann und Schlehdorn verbirgt, ist nur Eingeweihten bekannt. Jedenfalls, wer jeden Schriftstellernamen als ein Pseudonym betrachtet, wird weniger fehlgehen als derjenige, der das Gegenteil tut. Der interessanteste Fall von Pseudonymität ist immer noch der »Totenschiff«-Traven und Anwalt der mexikanischen Indios, der kürzlich durch seinen Schweizer Vertreter eine neue »wahrheitsgemäße Mitteilung« über sich ausgab, um »der Aufwärmung längst widerlegter Legenden« zu widersprechen. Travens demnach verzweifelter Mut, sich jahrzehntelang gegenüber der Welt die individuelle Freiheit zu bewahren, hat längst die Züge des Tragischen. Ein zum Tode verurteilter Münchner Anarchist, Jack London, der seinen Selbstmord vorgetäuscht habe, ein Mann mit krimineller Vergangenheit, ein Leprakranker – das sind einige der dauernd wechselnden sensationellen Weltparolen, mit denen das grausame Publikum die Pseudonymität bestraft. Die 5 000 Dollar, welche die amerikanische Zeitschrift »Life« 1948 für den Entdecker Travens aussetzte, hat noch keiner gewonnen. Tatsache ist, daß alle seine Bücher zuerst in deutscher Sprache erschienen sind. Das bestätigt sogar jene »Mitteilung«, in der es weiter – zum erstenmal, daß T. über seine Staatsangehörigkeit spricht – heißt: »Traven wurde um die Jahrhundertwende in der Mille-West-Region (USA) geboren. Seine Muttersprache ist Englisch. Er entstammt von beiden Eltern her einer langen Linie von Seefahrern nordskandinavischer Abstammung. Seit seinem siebenten Lebensjahr mußte er seinen Lebensunterhalt selbst verdienen und hat, abgesehen von wenigen unzusammenhängenden Stunden, nie eine Schule besucht. Seine Schule war das Leben, das harte und unerbittliche Leben. Nach Mexiko kam er erstmals im Alter von zehn Jahren, als Junge auf einem holländischen Trampschiff. Er arbeitete als Matrose, Bäkker, Baumwollpflücker, Viehtreiber, Goldgräber, Farmer, Hauslehrer auf weitentlegenen Farmen, Forschungsreisender, und als Medizinmann, Geburtshelfer und Anwalt in Indianerdörfern.« 1926 bot Traven einer Berliner Zeitung das mit Bleistift auf Packpapier in deutscher Sprache geschriebene Manuskript der »Baumwollpflücker« an. Ein halbverwilderter Knabe und Jüngling mit englischer Muttersprache, der »nie eine Schule« besuchte und seine ersten Manuskripte in vorbildlichem Schriftdeutsch auf Packpapier niederschreibt? Nein, Herr Traven, wir glauben Ihnen auch diese neueste »Mitteilung« nicht!

(Schwäbische Zeitung, 12. Jan 1955)

Aus der Bibliothek des Goethe-Verehrers Lennartz   *Foto W. R. Schmidt*

Der Simplicissimus will nicht sterben!

Zum 60. Geburtstag der ~~satirischen~~ (humoristischen) Wochenschrift (1.April).

Die große Zeit des ~~vor rückblickend vor 1914~~ weltbekannten "Simpl" radau, den der Amateurverleger Albert Langen, u.a. von Strindberg und dem französischen Vorbild "Gil Blas Illustré" angeregt, 1896 in München gründete, ~~der reind vor allem den jugendlichen Simplicissimus~~ (war) bis 1914. In einem siegreich ~~zum Grossmacht~~ emporgekommenen Kaiserreich unter dem Dogma einer ~~einer wirtschaftlichen Blütezeit des siegerisch emporgekommenen~~ ~~Deutschland, dessen Kaiser die~~ militärische Lebensanschauung ~~die militärisch Krieg und Ehre wie seine Bürger~~ "verpreißte" dessen Bürger wissenschaftliche und industrielle ~~Erfolge~~ mit kulturellen Erfolgen verwechselten , war eine völlig unabhängige satirische Zeit- und Streitschrift wider alle Unwahrhaftigkeit, Heuchelei und Scheinheiligkeit in Staat und Gesellschaft ein Wagnis, ~~das nur~~ Nur überragende Künstler des Wortes und vor allem des ~~Zeichenstiftes~~ karikaturistischen Zeichenstiftes ~~an einen~~ konnten es zu einem überraschenden und dauerhaften internationalen Erfolg führen ~~konnten~~, der ~~aber~~ den unversöhnlichen Haß der angegriffenen Mächtigen triumphal überstrahlte. Allen voran stehen der ~~Karikaturist und~~ Zeichner , und Maler Buchkünstler Th. Th. Heine , der 1933 emigrierte und 1948 in Stockholm starb, ~~kam~~ ein ~~kluge~~ wahrheitsfanatischer Karikaturist der "Thorheiten" seiner ~~Zeitgenossen~~ Epoche , und der ~~x~~ volkstümliche ~~Bildnissatiriker~~ Bildnissatiriker Olaf Gulbransson, der heute noch ~~seinen Anfängen getreu~~ "dabei" ist, im Kern vielmehr ~~ein~~ als lebensweiser Humorist politischer Karikaturist "Berühmter Zeitgenossen" . Der "dekorative Künstler" Bruno Paul, Eduard Thöny, der die "gemischte Gesellschaft" und den "bunten Rock" ~~vom "Kadetten~~ vom "Kadetten bis zum General" aufspießte, Rudolf Wilke, der liebend das "Gesindel" und lieblos den tyrannischen "Oberlehrer" festnagelte, der ~~Zeichner und heimliche Lyriker Wilhelm~~ der "Märchen"- Lyrik ~~Schulz, Wilhelm Schulz~~, der auch ~~Gedichte schrieb~~ Lyriker war , der Balparé - Zeichner Reznicek, und ihm nachfolgend der Halb-und Lebewelt-Satiriker Dudovich , der ~~xxx~~ kecke Erforscher der "Berliner Pflanze" Heilemann und viele andere - ~~für alle finden sich~~ ~~Schriftsteller~~ (Hesse,die beiden Mann, Roda Roda, ~~xxxxx~~ Auburtin, Owlglaß,Walser,Zweig,sogar Rilke waren darunter) *außerparteilichen)*

sie alle fanden sich im ~~Aloheichtsloop~~ Kampf für eine saubere und

menschliche ~~demokratische~~ *Demokratie* Ordnung wider ~~die~~ unwürdige oder lächerli-

vor allem)
che Lebensformen der "oberen Zehntausend", ~~für Münchau, Stadt o.Ä.~~

zusammen , aggressiv, frech, respekt- und rücksichtslos, ohne Unter-

Objekte/ und Prinzen und Würdenträger)
schi d der ~~Personen~~ vom Kaiser bis zum Studenten und ~~das~~ Backfisch -

aber aus dem schöpferischen Geist eines neuen Kunstideals. Daß sie

es im ersten Weltkrieg , mit einem Wort von Karl Kraus, "an das Vater-

land verrieten" , hat die Nachblüte des Simpl in der "Firma Republik"

bis 1933, in der alle Stände, wie Heine spottete, deren Buchstaben,

aber)
keiner "den Geist" trug, nicht ersticken können. Die Themen vom

Schiebertum bis zum Zille-Elend schrien nach künstlerischen Ent-

Jedoch/ z.B.) gezeigt,
deckern. ~~Aber~~ Stresemann, einmal nackend im Schnee ~~auf der Straße~~

~~Kritikum~~ wartend auf das "erste Veilchen" wie auf den "Silberstreifen

am Horizont", war ~~inzwischen~~ keine klassische Simpl-Gegenfigur

mehr wie Wilhelm II. Und ~~leit~~ von 1933 an steuerte der Simpl inner-

deutsch propagandistisch, außerdeutsch biertischstrategisch, und ver-

lor den zweiten Weltkrieg wie den ersten. Ist der Simplicissimus

1954 zum drittenmal lebendig geworden , um dennoch zu siegen? "Witz

"Holzhammer- anstatt Florettgefechte)
statt Humor, nichts als Attrappen", man "hätte ihn schlafen lassen

zu
sollen", urteilt die Kritik schon nach Jahresfrist. Der alte Simpl

mußte *größere*
hat ~~gehässigere~~ Kritiken ~~überstanden~~ überstand ~~gehässigere~~

Angriffe und
~~Kritiken/ aber er~~ hatte zugleich Lobredner ~~von~~ wie Leibl,Klinger

und andere).
— Liebermann, Rodin, Ibsen, Björnson,Tolstoj, Zola, Meunier ~~etc.~~

Der neue Simpl will nicht sterben. Er hat "Publikum". Wenn er doch

auch das Wort des größten Redakteurs seiner großartigen ~~Jugendzeit~~

Frühzeit wahrhaben wollte, des Ludwig Thoma, der sich weder vor dem

~~Gefängnis~~ Gefängnis (wegen "Beleidigung") noch davor fürchte-

te, seiner Majestät rednerische "Predigten" tödlich zu zerpflücken:

"Es gehört zum Wesen des echten Humoristen, daß ihm eine Ehrfurcht

vor wirklichen Werten innewohnt".

Aus der Werkstatt eines Feuilletonisten

Franz Lennartz

Sind die Dichter müde geworden?

Der amerikanische Romancier Hemingway, die führende Stimme der »verlorenen Generation« nach dem ersten Weltkrieg, spiegelte in seinen frühen Werken den Menschen seiner Zeit als einen animalischen Glücksucher ohne Hoffnung, dessen Tun sinnlos und nichts anderes als »die zufällige, zeitlich begrenzte Vermeidung des Todes« sei. In radikalem Zynismus fixierte er eine gottlose Welt der Triebe und der Verzweiflung mit einer erzählerischen Tatsachen-Technik, die dem Raffinement der letzten Kunstlosigkeit huldigte und die Gefühle verschwieg. Er war der literarische Avantgardist Nr. 1 in der Welt. 1952 ließ er ein Werk von homerischer Einfachheit und Größe erscheinen, »Der alte Mann und das Meer«, das sogar der konservative »Osservatore Romano« lobte: »Hemingway hat zu dem klassischen Maß eines Hawthorne oder eines James gefunden.« Der Nihilist ist zumindest Positivist geworden. Ein anderer revolutionärer Pionier, Dos Passos, der die Romanform des Nebeneinander, der Gleichzeitigkeit, schuf, um möglichst alle Elemente der kapitalistisch-industrialisierten amerikanischen Lebensform erfassen und ihren Bewegern den Haß des sozialistischen Umstürzlers entgegen schleudern zu können, steht heute dem konservativen Flügel der Republikanischen Partei nahe und schreibt Romane, die den ehemaligen Ankläger als Propagandisten des amerikanischen Industriesystems erweisen, als einen »müden Verteidiger des Besitzbürgertums«, wie seine radikalen ehemaligen Gesinnungsfreunde ihn nennen. Und Upton Sinclair, der mit seinen Büchern gegen den »Sumpf« Amerika zum gefeierten Kronzeugen des Bolschewismus wurde, erklärt heute, der amerikanische Fortschritt habe die Angriffspunkte beseitigt und läßt sich in der östlichen Weltpresse, die

ihm jahrzehntelang huldigte, als reaktionärer »Lobsprecher der Atombombe« beschimpfen. Diese Beispiele für viele wollen nicht besagen, daß für die Dichter Amerikas die Welt »in Ordnung« sei und es drüben keine engagierte, experimentierlustige Literatur mehr gebe. Tatsache ist aber, daß die traditionsbewußte, historische und konfessionell religiöse Literatur heute die Spitzen der Bestseller-Listen hält, während die soziale Problemliteratur abnimmt.

Die aggressive Frage, ob die Dichter müde geworden seien, die Welt zu attackieren und zu verändern, beantwortet sich so, daß die Lesermasse die Verzweiflung gewisser Schriftsteller an der heutigen Welt und ihre pessimistischen Schlußfolgerungen für die amerikanische Kultur ebenso negiert wie deren Vorliebe für formale Experimente. Diese literarische Situation entspricht jener in fast allen anderen Ländern der westlichen Welt und Deutschlands, wo der öffentliche Kampf der restaurativen und der avantgardistischen Kräfte besonders heftig entbrannt ist. Die Nachkriegs-Trümmer-Literatur der »verlorenen Generation« von heute hat im Grunde eine verzweifelte Ähnlichkeit mit dem Grausamkeits-Avantgardismus der hemingway'schen Bohemiens im Paris der zwanziger Jahre, mit dem stilistischen Zertrümmern und Experimentieren des Dos-Passos-Kreises und dem antinationalen, antibürgerlich-utopistischen Radikalismus des frühen Upton Sinclair. Es gibt heute in Deutschland zweifellos eine engagierte Literatur, deren Exponenten nicht nur in dem Schriftstellerkreis der »Gruppe 47« umfaßt sind und deren Werken nicht allein der Rundfunk einiges zu verdanken hat. Aber ihr Stern, der in den Augen des breiten Leserpublikums niemals hoch stand, ist im Sinken. Vielleicht ergeht es ihr wie den expressionistischen »Stürmern« oder den Dadaisten nach 1918, die solange »mit dem Revolver in der Tasche Literatur« gegen ihr Publikum »machten«, bis dieses sie mit totaler Mißachtung strafte. Tatsache ist auch, daß die restaurative Tendenz der heutigen deutschen Literatur zu einem großen Teil von Autoren mitgetragen wird, die früher ihre radikalsten Avantgardisten waren. Kasimir Edschmid, einer der Begründer des Espressionismus, der 1915 noch »Das rasende Leben« unmittelbar packen wollte, spürt schon seit Jahrzehnten auf den Weltstraßen dem Zauber und der Größe vergangener Kulturen nach oder preist die »Kunstseiden«-Industrie ähnlich wie Dos Passos drüben oder Niebelschütz, Schenzinger, Hauser, Kürenberg und viele andere bei uns. Der Expressionist Alfred Döblin, der marxistische Wahrheitsfanatiker vom Berliner Alexanderplatz, ist auf der »Schicksalsreise« in die Emigration Katholik geworden. Ein Werfel, der den »Fall Mauritius« schrieb, zog nach Lourdes und sang das »Lied der Bernadette«, Luise Rinser, die noch vor wenigen Jahren den Avantgardisten huldigte, ist in »Konnersreuth« dem »Wunderbaren« begegnet, »das dem Wunder gleicht«. »Die Epoche des Rationalismus ist zu Ende gelebt«, behauptet sie und hat sich der »verzweifelten Liebe unserer Zeit zum Okkulten, zum Magischen, Mythischen« hingegeben. Die Zahl der dichterischen Rompilger ist Legion. Manfred Hausmann ist durch Karl Barth zum Protestantismus gekommen, und Bernt von Heiselers jugendlicher Nationalismus mündete im christlichen Glauben an die »Versöhnung«. Die Frage, inwieweit die aufblühende christliche Gläubigkeit aus einer Welt, in der, wie Nietzsche sagte, Gott gestorben ist, natürlich und echt ist, kann die führende Rolle der christlichen Literatur auf dem deutschen Buchmarkt nicht beeinträchtigen. Bergengruen, P. Dörfler und Fussenegger, Goes, Grogger, Holthusen, Kaschnitz, Kramp, Schaper, Schaumann, R. Schneider, R.A. Schröder, von Taube, Waggerl und Weismantel, um nur willkürlich einige Namen herauszustellen, werden mehr gelesen als die »heilsam provozierenden« Bücher eines so konsequent areligiösen Avantgardisten wie z. B. Arno Schmidt, womit nur eine Tatsache festgestellt, aber kein abwertendes Urteil gegen die grundsätzlich entsagungsvolle Pioniertätigkeit literarischer Experimentatoren gegeben sein soll, zu denen immerhin auch einmal Proust, Joyce und Kafka zählten. Daß sich sogar einige neue Werke führender Avantgardisten in den Bereich der christlichen Mystik vorschieben, ist noch nicht unbedingt als »Rückfall« in die »Mythologie der Blumenpflücker« zu werten, wie das in der Sprache getreuer Radikalisten heißt. Hagelstange hat vom anklagenden »Credo« zur Legende gefunden, der anfangs »indifferente« Max Brod, auch Bonsels und andere schrieben Christusromane und Beheim-Schwarzbach erzählt »Geschichten der Bibel«. Der »Verdun-Maaß« umwirbt Napoleons »Kaiserliche Venus«, und sein Bruder Joachim hat das Zeitthema gleichfalls gegen den historischen »Fall« (Gouffé) ausgetauscht oder verliert sich, rückwärtsgewandt, in der »unwiderbringlichen Zeit« der Kindheit, im »Brunnen«, wie es Stefan Andres ausdrückt.

Sogar das ungekrönte Haupt der Avantgardisten, die keine »Dichter« mehr sein wollen, H.-W. Richter vom Jahrgang 1908, stellte sich schon in die lange Reihe der Dichter von Hesse und Carossa bis zu den Fechter und Brod, die den »Spuren im Sand«, nämlich dem Abenteuer ihrer Jugend folgten. Der »Revolutionär« O.M.Graf setzte der »Mutter« ein Denkmal. Rombach, der als sozialistischer »Apostel« debütierte, ehrt Schwaben im Bilde Mörikes und seiner geheimnisvollen Peregrina, und Ernst Glaeser, der 1933 für den sowjetischen »Staat ohne Arbeitslose« warb, porträtiert wohlwollend »Köpfe und Profile« der Bonner Politiker. Kasack ist des surrealistischen Gleichnisses müde geworden und schreibt eine kriminalistische Geschichte im »veralteten Stil«, wie ein Avantgardist sagen würde, Frank Thieß, der einmal »Das Tor zur Welt« der Jugend unserer zerfallenen Bürgerlichkeit aufstieß und »Das Gesicht des Jahrhunderts« zeichnete, sogar einen handfesten Kriminalroman, freilich von literarischem Rang. Johannes R. Becher, um auch einen Blick nach drüben zu tun, der einst in seiner Empörung gegen den Bürger und den Staat die Sprache zerschlug, ist sogar von einem Gesinnungsgenossen, bevor Becher ostzonaler Kultusminister wurde, wegen seiner »neoklassizistischen Glätte und konventionellen Verseschmiederei« angeprangert worden. Georg von der Vring, dem der Expressionismus, mit dem er aufwuchs, zur »Pein« wird, geht wieder vom »Volkslied und vom letzten Einfachen« aus.

»Retten, was noch zu retten sein mag von dem bei uns immer heilloser verarmenden Sprachstand«, mahnt der einstige »Kriegsdichter« Alverdes und schreibt Prosa im Stile Stifters oder erzählt Kindermärchen und eine Legende. Auch der Gesellschaftssatiriker Erich Kästner widmet seine Kunst den Kindern, während der bissige Zeitromancier Kesten den Spuren Casanovas folgt und Walter Bauer die revolutionäre Sehnsucht seiner frühen Leunawerk-Dichtungen in nacherzählten »Geschichten aus tausend und einer Nacht« und »Griechischen Sagen« abklingen läßt. Nur der preußische Ulan Fritz von Unruh, um ein letztes Beispiel aus hunderten auszuwählen, trommelt immer noch gegen das militärische Preußentum für die Freiheit, aber nicht mehr in erregten Sinnbildern und Symboldichtungen, die einmal den dramatischen Höhepunkt des deutschen Expressionismus bildeten, vielmehr in historischen Romanen und einer wenig glaubhaften dramatisierten Fabel vom Alten Fritz; und sein Oraniendrama »Wilhelmus« ist glatte Goethe-Schiller-Nachfolge. Vielleicht, in der Sprache der großen Weimarer ausgedrückt, werden die Stürmer und Dränger von heute, die noch nicht müde sind, in erschreckenden Phantasmagorien den Weltuntergang zu prophezeien, ebenso aus der »Räuber«-Phase in jene des »Faust« hinübergleiten, wie sich der Wandel an Hemingway oder Dos Passos und ihren deutschen Altersgenossen vollzogen hat. Gewiß ist, daß sich die Restauration einer Welt, die aus Trümmern aufsteigt, immer im gleichen Maße in ihrer Literatur spiegeln wird, wie sie voranschreitet – und daß es kein glänzenderes Zeichen für die Freiheit einer Literatur geben kann als den kämpferischen Gegensatz ihrer sie bewegenden Kräfte. Überlassen wir Jacob Burckhardt das Schlußwort, der unser Jahrhundert der Weltkriege nicht erlebt hat. »Zum Untergang ist die Menschheit noch nicht bestimmt, und die Natur schafft so gütig wie jemals. Wenn aber beim Elend noch ein Glück sein soll, so kann es nur ein geistiges sein, rückwärts gewandt zur Rettung der Bildung früherer Zeit, vorwärts gewandt zur heiteren und unverdrossenen Vertretung des Geistes in einer Zeit, die sonst gänzlich dem Stoff anheimfallen könnte.

(Deutsches Volksblatt, 12.Nov. 1955)

Der Dichter der »Substanz«

Zum Tode Gottfried Benns – Von Franz Lennartz

»Das Leben ist ein tödliches Gesetz und ein unbekanntes. Der Mann, heute wie einst, vermag nicht *mehr*, als das Seine ohne Tränen hinzunehmen.« Dieses »an der Antike gebildete Gefühl« steht über dem »Doppelleben« (Selbstdarstellungen, 1949) Benns als Arzt und Dichter-Denker. Der Sohn eines protestantischen Pfarrers und einer Welschschweizerin, in Mansfeld (Westpriegnitz) geboren und im Dorf Sellin östlich der Oder (»Kindheitserde, unendlich geliebtes Land«) aufgewachsen, brachte sich während seiner aktiven Offizierszeit mit dem expressionistischen Gedichtband »Morgue« (1912) in den Ruf eines »infernalischen Snobs und typischen Kaffeehausliteraten«. Er bestärkte ihn mit den »erschreckensten, grauenhaftesten und grausamsten Gedichten der Zeit« (Soergel) in den Sammlungen »Söhne« (1914), »Fleisch«, »Schutt« und »Spaltung« (1925), der bis dahin radikalsten Entthronung des Menschen, der alles andere als die Krone der Schöpfung sei.

Aber dem geistigen Europa klang aus diesen chaotischen Gedichten nicht die Stimme eines Zivilisationsliteraten, der »beim Bankett neben dem Minister sitzt«; hier sprach, mit Benns Worten, »ein neuer Stil, das ist ein neuer Mensch«. Hier verschleuderte ein einsamer, völlig unabhängiger Künstler außerhalb des »kapitalistischen Betriebes« – und für durchschnittlich 4,50 – Mark Monatshonorar – seine Geniezeichen ohne eine »andere Moral als die Wahrheit seines Stils«. Er verwirklichte sie gleichrangig in essayistischer Prosa und feierte darin, obwohl als »pathologischer Nihilist« abgetan, die Kunst als das »Ja über den Abgründen« (»Rede auf Heinrich Mann«, 1931). Dem rationalen Denken hatte er schon 1916 in »Gehirne« abgesagt und leidenschaftlich die Frage »Können Dichter die Welt ändern« (1925) verneint; denn der Jammer der Welt könnte niemals durch »hygienische Wunschräusche« kurzbeiniger Rationalisten (»‚hab‘ Rente im Herzen und Höhensonne im Haus«) verwirklicht werden.

Radikaler als die »Glückverheißungen der Parteien« sei die Lehre: »so bist du; und du wirst nie anders sein; wer Geld hat, wird gesund, wer Macht hat, schwört richtig, wer Gewalt hat, schafft das Recht. Das ist die Geschichte.« Er zog noch das »Fazit der Perspektiven« (1930): »Die weiße Rasse ist zu Ende«, bekannte sich aber in »Nach dem Nihilismus« (1932) zum Gesetz der Form, nachdem er sich zuvor als »total erledigt« erklärt hatte: »Ich schreibe nichts mehr«, denn »man müßte mit Spulwürmern schreiben«. 1933/34 verkannte der Nietzsche-Jünger in tragischem Irren die »falschen Wertungen« des »Neuen Staates«, der ihn aber schon 1936 als »entarteten Asphaltliteraten« aus der Literatur verbannte. Der »Wolf im Schafskleid« ließ sich als Militärarzt reaktivieren: »Mit dem Rücken an der Wand; in Gram der Müdigkeiten, im Grau der Leere«, Hiob und Jeremias lesend – im Krieg fielen drei Brüder und die Frau – hielt er aus. »Härte ist das größte Geschenk für den Künstler.«

1949 brach das in der Stille geschaffene Werk überwältigend in die literarische Welt ein (Büchner-Preis 1951; Verdienstkreuz 1953 – der Nobelpreis 1953 entging ihm nur, weil Island »an der Reihe« war). »Drei alte Männer« (1949), »Ausdruckswelt«, »Der Ptolemäer«, »Probleme der Lyrik«, »Monologische Kunst«, »Altern als Problem für Künstler«: messerscharfe philosophisch-essayistische Prosa, in der mit geißelnder Strenge und Treffsicherheit zerstörerisch das Jahrhundert kritisiert und die Summe der europäischen Leistungen gezogen ist. Nur die Kunst gilt, die »Überwinderin des Nationalismus, des Rassismus und der Geschichte«.

»Vers, hinterlassungsfähiges Gebilde«, heißt Benns Glaubenssatz, Form geworden in den epochemachenden Lyrikbänden: »Statische Gedichte« (1948), »Fragmente« (1951), »Aprèslude« (1955): entspannter, herbstlicher als die schreiende Frühlyrik, aber aus unverwandelter Substanz: »Ach, vergeblich das Fahren! Spät erst erfahren sie sich: / Bleiben und Stille bewahren / das sich umgrenzende Ich«. Für den abendländischen Menschen weiß Benn nur eine Möglichkeit des Sieges über das Dämonische: »durch die Form«.

Auf der Bozener Straße in Berlin-Schöneberg hing am Haus bis zu seinem Tode das Schild: »Dr.G. Benn, Arzt für Haut- und Harnleiden« (und daneben: »Dr. Ilse Benn, Zahnärztin«). Wenn ihn ein halbwissender Patient fragte: »Sind Sie der berühmte Benn?« antwortete er: »Das ist mein Großvater.« Jedoch der Künstler Benn: zwar hat er die Welt nicht verändern können, aber er verändert den Menschen, der in den Bann seiner Lyrik und Prosa gerät.

(Sonntagszeitung, Staatszeitung und Herold, 22. 07. 1956)

Der Chronist der Literatur muß die Werke kennen, über die er berichtet, er muß ein Beobachter der ganzen Kulturszene sein

Das Franz-Lennartz-Archiv
in Frankfurt am Main

Franz Lennartz in seiner Bibliothek in Salem

. . . und ein kleiner Teil seines Archivs

Fotos W. R. Schmidt

Die Erwerbung
des Franz-Lennartz-Archivs

Franz Lennartz ist allen, die sich mit der Literatur der Gegenwart beschäftigen, zum Begriff geworden, denn seine ebenso handlichen wie praktischen und informativen Schriftsteller-Lexika sind seit Jahrzehnten in immer neuen Auflagen erschienen. Der Lexikograph der Literatur war und ist auch zugleich ein besessener Sammler und sammelte für die Zwecke seiner lexikographischen Arbeiten sowohl die Texte der von ihm erfaßten Autoren wie auch mit großer Intensität und weitausgreifend die auf sie bezogenen wirkungsgeschichtlichen Materialien der verschiedensten Art.

Im Verlauf vieler Jahre entstand auf diese Weise eine ganz ungewöhnlich umfassende Sammlung von Sekundärmaterial, die vor allem auch die Presse umfaßte und in riesigen Quantitäten Ausschnitte aus Zeitungen und Zeitschriften mit ungezählten Rezensionen der Werke aller wichtigen Autoren der Gegenwart enthält. Dazu kommen Erstausgaben, Zeitschriftenserien und literaturgeschichtliche Werke sowie mannigfache Sondersammlungen.

Alles in allem werden in diesen Sammlungen der Niederschlag, das Echo und die Kritik vor allem der zeitgenössischen, aber auch die Wirkung älterer Literatur dokumentiert und vielfach auch solche Materialien dargeboten, die in öffentlichen Instituten nur sehr selten, ja kaum in diesem Ausmaß und in dieser Dichte erfaßt werden können.

Der Sammlung, in der über die Autorenbezüge hinaus auch Materialien zu einzelnen Themen literarischer Zeitgeschichte zusammengetragen wurden, kommt daher für die Forschung eine besondere Bedeutung zu.

Franz Lennartz feierte im März 1990 seinen 80. Geburtstag. Obwohl er auch heute noch täglich ca. 14 Stunden seiner Arbeit nachgeht, empfahl es sich doch, für die Zukunft ein bleibendes Zuhause für seine Sammlungen zu finden.

Lennartz' Leitgedanke war, daß die Materialien nicht zerstreut veräußert werden sollten. Für Einzelteile wie etwa das »Archiv der Selbstmörder« waren bereits respektable bis immense Summen geboten worden.

Über einen Professor der Universität Mainz, der auch Mitglied der dortigen Akademie der Wissenschaften ist, bekam Franz Lennartz Kontakt zur Stadt- und Universitätsbibliothek Frankfurt. Es dauerte mehrere Jahre, bis die durchaus hohen Mittel zum Erwerb des Archivs (250.000 DM) durch die Stadt- und Universitätsbibliothek Frankfurt beschafft werden konnten.

Außer der Bibliothek haben sich an den Kosten insbesondere die Deutsche Forschungsgemeinschaft, die Hessische Kulturstiftung für Wissenschaft und Kunst sowie der S. Fischer Verlag beteiligt. Nach Absprache mit der Kulturverwaltung der Stadt Frankfurt wird das umfangreiche Archiv auf Dauer im Dachgeschoß des Anwesens Bockenheimer Landstraße 102 beheimatet werden, in der Gesellschaft des ebenfalls dort befindlichen »Literaturhauses« und der »Frankfurter Philosophischen Archive«, welche die Stadt- und Universitätsbibliothek im zweiten Obergeschoß des Hauses unterzubringen gedenkt.

(Wilhelm Richard Schmidt, in: Frankfurter Bibliotheksbriefe. Mitteilungen für die Freunde der Stadt- und Universitätsbibliothek Frankfurt, 2, 1991).

Stadt- und Universitätsbibliothek Frankfurt am Main

Literaturhaus Frankfurt mit Franz-Lennartz-Archiv
Fotos W. R. Schmidt

Archive der UB ziehen ins Literaturhaus

Den ehemaligen Dienstbotenaufgang des Literaturhauses an der Bockenheimer Landstraße wird nutzen müssen, wer von Herbst an im Philosophischen oder Literarischen
Archiv der Stadt- und Universitätsbibliothek arbeiten will. Im zweiten Obergeschoß
und den darüberliegenden Dachmansarden wird derzeit Hand angelegt, um bis Sep-
tember das Archivmaterial aus Regalen, Schubladen, Kellern und Abstellräumen der
Uni-Bibliothek öffentlichkeitsgerecht einzulagern.

Das Schopenhauer-Archiv ist bereits eingerichtet. Folgen werden das Hork-
heimer/Pollock-, Marcuse-, Bruno Liebrucks- und Alexander Mitscherlich-Archiv,
später dann das Löwenthal-Archiv . . .

Eine Erwerbung besonderer Art wird die Stadt- und Universitätsbibliothek in den
nächsten Wochen in den Mansardenräumen des Literaturhauses auspacken: Das vor
zwei Jahren für 250000 Mark erstandene Privatarchiv des heute 83jährigen Franz
Lennartz, einem besessenen Sammler. Bekannt sind seine praktischen und informativen Schriftsteller-Lexika »Deutsche Schriftsteller des 20. Jahrhunderts im Spiegel der
Kritik«, die in verschiedener Form seit Jahrzehnten in immer neuen Auflagen erscheinen. »Frankfurt hat den Wert seiner Materialiensammlung erkannt«, so der stellvertre-
tende Direktor der Bibliothek.

Die Schätze aus Lennartz' Wohnung sind in mehreren hundert Bananenkisten und
Gurkenschachteln geborgen, darunter eine annähernd lückenlose Sammlung zeit-
genössischer Literatur, mit persönlichen Widmungen der Autoren. Konsequent hat
Lennartz seit Jahrzehnten bis zu 150 verschiedene Zeitungen zerschnibbelt und die
Artikel zur in- und ausländischen Literatur themenspezifisch geordnet. Er hat außer-
dem eine Kuriositätensammlung von Seltenheitswert angelegt: ein Artikel-Archiv über
Selbstmörder, ein Sportgeschichte-Archiv, Artikel über die Luftfahrt und vieles mehr.
Selbst im Marbacher Literaturarchiv gibt es nichts Vergleichbares.

Mit Lennartz hat die Frankfurter Stadt- und Universitätsbibliothek ihre bereits sehr
reichhaltigen Archivsammlungen ergänzt. Sie reichen von einer Sammlung deutscher
Drucke (1801–1870) bis zum modernen Ton-Archiv Frankfurter Autoren. Vor kurzem
wurde ein Kultur-Archiv der Frankfurter Zeitungen angekauft, ein Frankfurter literarisches Verlags-Archiv soll folgen.

Doch wohin damit? Die Sammelleidenschaft der Bibliothek, die als eine der wenigen
deutschen Universitätsbibliotheken einer Stadt gehört (die Bibliothek ist älter als die
Universität und war früher im Portikus untergebracht), ist größer als die Raumkapa-
zitäten. Die zwei Stockwerke im Literaturhaus sind bereits belegt, bevor sie überhaupt
bezogen sind, und im Nachkriegsbau der Unibibliothek gibt es seit Jahren keine Stell-
flächen mehr.

Auszug einer Meldung der Frankfurter Rundschau vom 27.07.93

Franz-Lennartz-Archiv

Archivzentrum

der
Stadt- und Universitätsbibliothek
Frankfurt am Main

Schopenhauer-Archiv
Horkheimer-Pollock-Archiv
Herbert-Marcuse-Archiv
Leo-Löwenthal-Archiv
Alexander-Mitscherlich-Archiv
Bruno-Liebrucks-Archiv
Franz-Lennartz-Literaturarchiv

Nutzung des Archiv-Zentrums nach Absprache
Das Archivzentrum befindet sich im
2. O. G. des Literaturhauses Frankfurt

Postanschrift

Stadt- und Universitätsbibliothek Frankfurt am Main
Bockenheimer Landstr. 134–138 · 60325 Frankfurt am Main
Telefax: 0 69-21 23 90 62
email: Direktion @stub.uni-frankfurt.de

Informationen

Direktionsanfragen	☎ 0 69-21 23 92 29 (Dr. W. R. Schmidt)
Philosophische Archive und	
Mitscherlich-Archiv	☎ 0 69-21 23 90 07 (Dr. A. Estermann)
Frankfurter Schule	☎ 0 69-21 23 90 08 (Dr. G. Schmid Noerr)
Lennartz-Literaturarchiv	☎ 0 69-21 23 92 29 (Dr. W.R. Schmidt)

Bibliographie

Buchveröffentlichungen von Franz Lennartz

– Die Dichter unserer Zeit. Einzeldarstellungen zur deutschen Dichtung der Gegenwart, 1. Aufl. Stuttgart: Kröner 1938, 2. Aufl. 1939, 3. Aufl. 1940, 4. Aufl. 1941

– *nach 1945*

Die Dichter unserer Zeit. Einzeldarstellungen zur deutschen Dichtung der Gegenwart (= 5. Aufl. 1952)

– Dichter und Schriftsteller unserer Zeit. Einzeldarstellungen zur Schönen Literatur in deutscher Sprache (= 6. Aufl. 1954 sowie 7. Aufl. 1957)

– Deutsche Dichter und Schriftsteller unserer Zeit. Einzeldarstellungen zur Schönen Literatur in deutscher Sprache (= 8. erweiterte Aufl. 1959, 9. erw. Aufl. 1963, 10. erw. Aufl. 1969)

– Deutsche Schriftsteller der Gegenwart: Einzeldarstellungen zur Schönen Literatur in deutscher Sprache (= 11. erw. Aufl. 1978)

(Alle Ausgaben führen den Reihentitel: Kröners Taschenausgabe. Bd. 151)

Kumulierte Gesamtausgabe

– Deutsche Schriftsteller des 20. Jahrhunderts im Spiegel der Kritik. 3 Bde; 845 Einzeldarstellungen in alphabetischer Folge mit Werkregister und dokumentarischem Anhang, Stuttgart: Kröner 1984. Mit einem Registerband.

– Ausländische Dichter und Schriftsteller unserer Zeit. Einzeldarstellungen zur Schönen Literatur in fremden Sprachen. Stuttgart: Kröner 1955, 2. Aufl. 1957, 3. erw. Aufl. 1960, 4. erw. Aufl. 1971, Nachdr. 1976

(Alle Ausgaben führen den Reihentitel: Kröners Taschenausgabe. Bd 217.)

Veröffentlichungen in Zeitungen und Zeitschriften; Vortragsthemen

Die feuilletonistischen Arbeiten wurden über Presseagenturen den deutschen Zeitungen angeboten. Sie erschienen in u.U. leicht veränderter bzw. gekürzter Form von Flensburg bis Konstanz, später mit Schwerpunkt des südwestdeutschen Bereichs. Ausgewählte Themen:

Von Hemingway bis Kästner: Sind die Dichter müde geworden?- Großer Europäer im Reich der Literatur: Ernst Robert Curtius wird 70 Jahre alt – G.E. Lessing heute? Zu seinem 175. Todestag – Ein neuer Stil, ein neuer Mensch. Gottfried Benn zum 70. Geburtstag – Ein patriotischer Poet und Politiker. Zum 175. Geburtstag von Anastasius Grün – Das zwiespältige Genie. Zum 100. Todestag von Heinrich Heine – Roger Martin du Gard. Ein französischer Epiker seines Zeitalters – Ein schwäbischer Dichter ist noch zu entdecken. Zu Th. Däublers 20. Todestag – Wer war Robinson. Zu Daniel Defoe – Carlo Gozzi. Ein Romantiker aus Venedig – Aus dem Leid zur Unsterblichkeit. Zum 150. Todestag Eduard Mörikes – Wissenschaftler oder Abenteurer? Zum

100. Geburtstag Sigmund Freuds – »Das Herz auf dem Papier«. Zum 100. Todestag von Jeremias Gotthelf – Warum Dichter Pseudonyme wählen – Goethes Mutter – Der Vater des Herrn Kortüm. Zum 70. Geburtstag von Kurt Kluge – Der »Simpl«. Zum 60. Geburtstag der satirisch-humoristischen Wochenschrift.

Frühe Arbeiten und Unveröffentlichtes

Eine erste honorierte Arbeit konnte Franz Lennartz 1926 in der *Rheydter Zeitung* veröffentlichen, das Franz-Lennartz-Archiv verwahrt zahlreiche unveröffentlichte *Gedichte*, außerdem die Manuskripte bzw. Entwürfe dreier Romane.

Ein geplanter Literaturführer über deutschsprachige Dichter und Schriftsteller der ersten Hälfte des 20. Jahrhunderts (Vorläufiger Titel: *Die Vorläufer 1920–1950*) erschien nicht, da der Autor sich mit seinem Verlag nicht über die Vergütung einigen konnte. Ein anderes Vorhaben über die *Weltliteratur im 20. Jahrhundert* (ca. 1600 Texte) mit einem anderen Verlag wurde nicht realisiert. Einem dritten Verlag gegenüber erhob Lennartz 1981 bei der Veröffentlichung eines ähnlichen Werkes Plagiatsvorwürfe. Marcel Reich-Ranicki schrieb 1980 in der FAZ: Lennartz wird immer wieder bestohlen. Auch dies ist eine Art der Ehrung.

Pläne

Ende der 30er Jahre bereitete F. L. auch einen Kunstführer vor. Der aktive Militärdienst vereitelte dieses Unternehmen

Der Autor arbeitet z.Zt. an einem Roman über Goethe

Sekundärliteratur in Auswahl

– Franz Lennartz: Deutsche Schriftsteller des 20. Jahrhunderts im Spiegel der Kritik, Stuttgart: Kröner 1984. hier: *Vorwort von Franz Lennartz und Vorwort des Verlags.*

– Groß, Roland: »Eine brisante Litera-Tour. Erstmals komplett: Der Lennartz – Literaturführer«. In: *Generalanzeiger*, Bonn, 1. 8. 1985

– Hartl, Edwin: »Jederzeit auf neuestem Stand zu sein – der geeichte ›Literaturführer‹ Franz Lennartz vollendet sein 70. Lebensjahr«. In: *Salzburger Nachrichten*, 18. 03. 1980

– Jacob, Herbert: Rez.d.o.a. Sammelkassette (1984). In: *Referatedienst zur Literaturwissenschaft*, XVIII (1986), H.3 (ISSN 0138-340X)

– Klamroth, Kerstin: »Im Keller schlummert Zuckmayer, im Wohnzimmer stehen Kleist und Goethe. Ein Haus voller Autoren: Besuch bei Franz Lennartz am Bodensee«. In: *Südwestpresse*, 19. 03. 1985

– Korlén, Gustav: Rez. der 10. Aufl. der »Deutschen Dichter«. In: *Moderna språk*, 1969, S. 292–294. In der. gleichen Zeitschrift erschien 1960, S. 319-320 bereits eine Rez. zur 8. Aufl.

– »Literaturbewertung à la mode – Franz Lennartz: Die Dichter unserer Zeit« (von H. Hupka, Willi Fehse, H.E.F.). In: *Neue Zeitung*, 1./2. 11. 1952, S. 19

– »Literatur systematisch dargestellt – Schriftsteller Franz Lennartz 75 Jahre alt«. In: *Südkurier*, 20. 03. 1985

– Moler, Karlheinz: »Franz Lennartz, Deutsche Schriftsteller im Spiegel der Kritik« (1984). In: *Südostdeutsche Vierteljahresblätter*, 34.Jg., 1985, S. 347f.

– Reich-Ranicki, Marcel: »Der Lennartz-Neuauflage eines zuverlässigen Lexikons« (zur 11. Aufl. der (Schriftsteller der Gegenwart'). In: *Frankfurter Allgemeine Zeitung*, 10.2 1979

– ders., »Passionierter Literat – Franz Lennartz siebzig«. In: *FAZ* 1980

– Riggan, W.: Rez. der Sammelkassette von 1984. In: *World Literature Today* – A Literary Quaterly of the University of Oklahoma. Autumn 1985

– Roth, Dieter: »Im Alphabet versöhnt. Der »Lennartz« als Sammelausgabe 1938–1978 in Kassette«. In: *Rhein-Neckar-Zeitung*, 9./10. März 1985

– Rune, Doris: Franz Lennarz' Literaturführer im Dritten Reich und nach 1945, Studien zum Inhalt, Universität Stockholm, Herbst 1969. (Maschinenschriftl., vorh. im F.-L.-Archiv Ffm.)

– Rychner, Max: »Ein roh, gewaltsam Handwerk. Über Kriegführen und Lexikonschreiben« (Zur 8. Aufl. der »Deutschen Dichter...«.) In: *Die Zeit*, 25. 03. 1960

– »Sammler und Feuilletonist. Franz Lennartz wird 85« In: *Die Welt*, 20. 03. 1995

– Schirnding, A. von: »Glanz und Elend der Objektivität. 11. Aufl. des »Lennartz«. In: *Süddeutsche Zeitung*, 21./22. 9. 1985

– Sauer, Adolf: »Der ›Lennartz‹ in 10. Aufl.« In: *Schwäbische Zeitung*, 16. Okt.1969

– Wasung, Rolf: »Franz Lennartz: Deutsche Schriftsteller der Gegenwart. 11. erw. Aufl.« In: *Neue Deutsche Hefte*, Jg. 26. 1979